La place du Sénat dans le système institutionnel au Cameroun

Axiologie juridique et perspectives politiques

Henri Tchantchou

La place du Sénat dans le système institutionnel au Cameroun

Axiologie juridique et perspectives politiques

Préface de Gustave Leopold NGANE

Avant-propos de Justin NJOMATCHOUA

L'Harmattan
Cameroun

Du même auteur

Droit du contentieux foncier au Cameroun, L'Harmattan, 2018.

La supranationalité judiciaire dans le cadre de l'OHADA. Étude à la lumière du système des Communautés européennes, L'Harmattan, 2009.

5-7, rue de l'Ecole-Polytechnique — 75005 Paris

http://www.editions-harmattan.fr

ISBN : 978-2-336-57371-7
EAN : 9782336573717

À Son Excellence Marcel NIAT NJIFENJI
Président du premier Sénat au Cameroun
Et à son épouse, Maveùn Marcie NIAT

SOMMAIRE

PRÉFACE

L'auteur du présent ouvrage de recherche est un fonctionnaire de grande expérience. Haut commis du prestigieux Corps spécial de la Magistrature, il exerce depuis plusieurs années au sein de l'administration parlementaire, après avoir fait valoir sa riche expérience successivement, dans les pouvoirs judiciaire et exécutif.

Ces différentes étapes professionnelles, renforcées par une réelle volonté d'acquérir et de partager ses connaissances, ont façonné un juriste aux compétences transversales, denses et variées en droit privé, en droit public et dorénavant dans les questions de science politique. Son abondante production épistémologique, dont le présent essai ne semble pas clore la série, en est une parfaite illustration.

L'œuvre que produit Monsieur Henri TCHANTCHOU s'intéresse au Sénat, une assemblée parlementaire peu connue du grand public, qui fascine l'attention d'une large frange de la société savante au regard, de son utilité sociale, de sa valeur politique et de son positionnement dans l'architecture institutionnelle du Cameroun.

Pour l'auteur, le dessein principal de l'ouvrage est de promouvoir le parlementarisme et de défendre l'ingénierie politique qui a débouché sur une structuration singulière du bicaméralisme camerounais adossé sur un État unitaire décentralisé. Les bases juridiques de la haute chambre, sont passées en revue dans un environnement marqué par une exigence démocratique et, les réalités socio-politiques du Cameroun. Assez subtilement ensuite, l'auteur développe un plaidoyer pour une meilleure orientation du déploiement de l'institution dans l'arène politique, à travers ses missions de suivi de la décentralisation et d'appui au bon fonctionnement des collectivités locales.

C'est un travail original dans un domaine sensible, celui de la représentation politique. S'y atteler était bien délicat, l'auteur occupant une haute position administrative au sein du Sénat. Le risque était en effet bien grand qu'il se montre soit trop laudatif, soit trop critique et, dans les deux cas, qu'il s'expose à la violation de son devoir de réserve. Monsieur TCHANTCHOU a cependant su trouver le point d'équilibre entre la réflexion académique sur l'amélioration du système et la réserve inhérente au service public.

L'essai me semble réussi et la place du Sénat est parfaitement restituée dans l'agencement institutionnel de la République du Cameroun. Son fonctionnement est également présenté de manière prospective. Ainsi, l'auteur établit-il, que le Sénat représente le peuple par l'intermédiaire des Collectivités Territoriales Décentralisées et que le Sénateur, dispose d'un mandat national en vertu duquel, il est appelé à rendre compte aux élus locaux, en priorité. Il relève en outre que, la chambre haute du parlement, expression d'un savant dosage qui féconde la territorialité et la notabilité, est appelée à se mouvoir dans une dynamique innovante en gardant sa cohérence avec ses missions traditionnelles d'assemblée parlementaire.

Il ne me reste plus qu'à recommander ce travail aux pouvoirs publics, aux parlementaires, aux politiques, aux chercheurs de tous bords et à la société civile. Bien évidemment, comme toute œuvre, cet essai reste perfectible d'autant qu'il concerne un domaine aussi mouvant que la politique. À cet égard, j'encourage d'ores et déjà l'auteur, à poursuivre la réflexion pour effectuer de nouvelles analyses, observer les évolutions, explorer de nouvelles pistes et asseoir de nouvelles convictions quant à l'utilité du Sénat dans le système institutionnel du Cameroun.

Gustave Leopold NGANE
Secrétaire Général du Sénat

AVANT-PROPOS

Le cœur de la démocratie bat au sein du parlement, spécialement dans les régimes parlementaires, ou semi-parlementaires comme celui en vigueur au Cameroun. Il est donc essentiel de s'intéresser à toute réflexion qui touche à la problématique parlementaire dans notre pays.

Le présent ouvrage qui explore le positionnement institutionnel du Sénat de la République et son utilité politique est donc une œuvre digne d'attention dans un contexte où le parlementarisme doit se réinventer une nouvelle gouvernance qui tienne compte de l'existence effective de deux Chambres aux compétences identiques à quelques exceptions. Le système oscille entre la tradition britannique et le modèle français, donnant la voie à une nouvelle ingénierie parlementaire que l'auteur essaie de camper à l'aune du dispositif juridique disponible.

M. Henri TCHANTCHOU s'efforce de justifier une double représentation parlementaire dans le cadre d'un État unitaire décentralisé. Il constate un mode de sélection différencié des membres composant les deux Chambres parlementaires et incite à un régime de déploiement conséquemment nuancé.

Il apparaît ainsi qu'au-delà de la seconde chambre parlementaire, l'analyse se saisit complètement du phénomène bicaméral et de la problématique du parlementarisme. L'œuvre ouvre de nouvelles pistes dans l'orientation du parlementarisme en général et du bicamérisme camerounais en particulier.

De fait, l'auteur essaie de promouvoir un bicamérisme qui prend en compte les réalités d'un État unitaire construit sur une diversité ethnique, géographique et culturelle d'une rare complexité. Il entrevoit une représentation nationale composée d'une première Chambre populaire appelée à vibrer avec l'opinion, les contingences sociales et le Gouvernement, fonctionnant en concertation avec une deuxième Chambre tirée de la territorialité et de la notabilité qui, elle, a vocation à se déployer de manière parfois transpartisane, en phase avec les évolutions nécessaires, les traditions démocratiques et les valeurs traditionnelles enracinées dans le pays.

Sans plaider définitivement pour un régime de spécialité de Chambres, l'auteur construit un modèle d'assemblées parlementaires de plein exercice qui se partagent les fonctions traditionnelles d'élaboration de la loi et de contrôle du Gouvernement mais appelle à une reconfiguration des prérogatives réservées, dans le champ politique pour l'une des Chambres et dans le domaine électif pour l'autre. Il suggère une répartition prioritaire des cibles parlementaires, distinguant la généralité du peuple de certaines composantes structurelles ou identitaires logées dans les territoires.

En fin de compte, on s'aperçoit que le produit est un manifeste qui propose une conception tout à fait originale et innovante du parlementarisme, de nature à insuffler une vigueur contextualisée à la séparation des pouvoirs et à la démocratie.

-Justin NJOMATCHOUA-

Directeur de Cabinet du Président du Sénat

INTRODUCTION :

SÉNAT ET ARBITRAGES POLITIQUES[1]

Le système politique camerounais s'inscrit, dès l'origine[2], dans l'ordre républicain universel, proclamant que tous les citoyens sont libres et égaux en droits et en devoirs. Il distingue ensuite trois pouvoirs au sein de l'État, mis en relief par la loi n° 96-06 du 18 janvier 1996 portant révision de la constitution du 02 juin 1972 : le pouvoir exécutif, le pouvoir législatif et le pouvoir judiciaire.

Les trois pouvoirs sont organisés suivant un système de séparation souple, faisant la part belle à l'exécutif. Le Président de la République, Chef du pouvoir exécutif, est garant de l'indépendance du pouvoir judiciaire, reconnu aux juges[3], et exerce l'autorité de l'État en concours avec un Parlement bicaméral composé d'une Assemblée Nationale et d'un Sénat.

Pour autant, le Sénat, nouvel organe parlementaire, a reçu un accueil mitigé, voire controversé. Nombre d'auteurs ont douté de son opportunité et de sa légitimité, le taxant d'inutile doublon de l'Assemblée Nationale et la

---

[1] Aux termes de l'article 5 de la Constitution, le Président de la République « …assure, par son arbitrage, le fonctionnement régulier des pouvoirs publics ». L'arbitrage institutionnel relève donc du Président de la République.

[2] Le Cameroun accède à la souveraineté internationale le 1er janvier 1960 et sa première Constitution est celle du 04 mars 1960.

[3] L'article 37 (2) de la Constitution dispose : « le pouvoir judiciaire est exercé par la Cour Suprême, les Cours d'appel, les Tribunaux ». De ce point de vue, le Conseil Constitutionnel ne relève pas du pouvoir judiciaire.

qualifiant de gadget budgétivore[4]. À bien voir, ces réticences procèdent souvent d'une compréhension incomplète du rôle de la nouvelle Chambre parlementaire, de son positionnement sur l'échiquier politique et de son impact sur l'équilibre institutionnel du pays, dans un contexte d'implémentation d'une nouvelle ligne de décentralisation administrative.

Ce hiatus entre la perception et la réalité identitaire de l'institution justifie le choix du titre de l'ouvrage : **la place du Sénat dans le système institutionnel au Cameroun - axiologie juridique et perspectives politiques[5].**

L'enjeu n'est pas seulement de justifier l'introduction du Sénat dans le paysage institutionnel au Cameroun, mais surtout d'édifier sur la plus-value démocratique et les évolutions générées ou attendues de la transformation du Parlement monocaméral en structure bicamérale. Partant, revenir sur le bien-fondé du parlementarisme en lui-même, dont la Sénatophobie n'en serait, parfois, qu'un cache-sexe.

---

[4] Les secondes Chambres parlementaires, surtout dans les États unitaires, sont assez souvent victimes de critiques sévères : En France, le Premier Ministre Lionel JOSPIN, au cours d'une Interview sur « les choix économiques et sociaux du Gouvernement, l'avancement des réformes institutionnelles et priorités du Gouvernement dans le cadre du budget de 1999 » qualifia le Sénat d'« anomalie parmi les démocraties »,in Le Monde, 21 avril 1998 ; il fut suivi dans cette lancée par Mme Ségolène ROYAL qui mit le Sénat en émoi, l'indexant d' « anachronisme démocratique insupportable », in *L'Obs*, 19 septembre 2005. Puis, vint le tour de M. CHAPUIS qui reprenait dans un numéro de Libération du 22 novembre 2011 les propos de Noël MAMERE qui, taxant le Sénat de Chambre à part, la décrivit comme une « maison de retraite pour les privilégiés de la politique », ce que repris plus récemment Daniel COHN-BENDIT lors d'une interview sur Europe 1, le 26 septembre 2014 en jugeant que « Ce Sénat est un peu un club de has been ».

[5] Hommage au Pr. Etienne Charles LEKENE DONFACK, Constitutionnaliste, homme politique et Juge Constitutionnel camerounais, qui a inspiré le présent ouvrage.

Dans cette perspective, il faudrait rentrer aux origines pour mieux saisir les enjeux que charrie l'institution sénatoriale. Dans le contexte camerounais, les contraintes historiques demandent à s'appuyer sur les éléments tirés des systèmes parlementaires britannique et français, voire nigérian, qui ont grandement influencé celui élaboré par les législateurs successifs.

C'est le lieu de rappeler qu'en pleine guerre contre l'Allemagne, la France et l'Angleterre se partagèrent, en 1916, le Cameroun, alors protectorat allemand. Ce partage sera entériné par un mandat que la Société des Nations leur reconnut sur le territoire, lequel mandat sera reconduit après la Seconde Guerre mondiale, en 1946, sous forme de tutelle, par l'Organisation des Nations Unies. Le Cameroun occidental fut ainsi placé sous tutelle de la Grande-Bretagne ; il sera administré comme une partie du Nigeria, alors colonie britannique. Le Cameroun oriental, quant à lui, confié en tutelle à la France, sera assimilé aux colonies de l'Afrique-Équatoriale Française.

C'est ainsi que l'héritage politique de ces deux puissances intègre et influence l'ordre juridique camerounais, avant et après l'indépendance du pays. L'historique du bicamérisme en France, puis en Grande-Bretagne, aidera sans doute à une meilleure compréhension du système apparu au Cameroun.

À ce sujet, il faudrait rappeler que c'est en 1795, en pleine Révolution et après la chute de ROBESPIERRE[6], que l'idée d'une double chambre est introduite au Parlement de la première République française. La théorisation de la division des compétences législatives apparaissait en cohérence avec la collégialité instaurée dans l'exercice du pouvoir

---

[6] Révolutionnaire français, un des grands artisans de la fin de la monarchie absolue.

exécutif à travers l'institution du Directoire[7]. Les thermidoriens décidèrent, pour l'exercice du pouvoir législatif, de la mise en place d'un Conseil des Anciens au-dessus d'un Conseil des Cinq-cents, mettant un terme au monocamérisme de la Convention nationale, héritage de l'Assemblée Nationale proclamée pendant les derniers États généraux de l'Ancien Régime. Le Conseil des Anciens, qui contrôlait les ardeurs du Conseil des Cinq-cents avec pouvoir de valider les lois, était une Chambre haute suffisamment puissante.

La constitution napoléonienne du 13 décembre 1799, pendant le Consulat, va plus loin en divisant le pouvoir législatif en quatre assemblées aux attributions diverses : le Conseil d'État, le Tribunat, le Corps législatif et le Sénat des conservateurs[8]. Le « Sénat des conservateurs de la constitution », confié à l'Abbé de SIÉYÈS, est une assemblée de sages dont la mission est de garantir l'application appropriée du texte fondamental, arbitrer les différends institutionnels et exercer le contrôle de la constitutionnalité des lois et textes de l'exécutif. Le Sénat bonapartiste est alors l'oracle de la constitution. Il est aussi le garant du bon fonctionnement et de la stabilité des institutions.

Le Sénat conservateur obtient le pouvoir d'édicter des actes ayant force de loi, les célèbres « Sénatus-consultes ». L'un d'eux transforma le Consulat en Empire. Le dernier, ironie du sort, prononça la déchéance de l'Empereur Bonaparte avant de disparaître à son tour, remplacé par

---

[7] Le Directoire (1795-1799) est l'un des Gouvernements ayant dirigé la France pendant la Première République, précédé par la Convention nationale (1792-1795) et suivi par le Consulat (1799-1804).

[8] Le Conseil d'État élabore les projets de loi. Ces projets de loi sont discutés sans vote par le Tribunat. Ils sont ensuite votés par le Corps législatif avant d'être soumis au Sénat qui en vérifie la Constitutionnalité avant de les valider. C'est ce qu'on appelle souvent polycamérisme napoléonien.

la Chambre des pairs après la restauration de la monarchie des Bourbons.

La Chambre des pairs restera la Chambre haute, mais davantage décorative jusqu'à son effacement en juillet 1848, consécutive à la chute du Roi Louis Philippe et de la monarchie orléaniste. C'est en 1852, après l'intronisation de Louis-NAPOLÉON, devenu Empereur des Français, que le Sénat devra resurgir avec le même dessein conservateur, davantage pour contrecarrer les velléités de la démocratie parlementaire. NAPOLÉON III précise clairement que le Sénat qui remplace la Chambre des pairs n'est plus, comme celle-ci, un pâle reflet de la Chambre des députés qui reprend à quelques jours d'intervalle les mêmes discussions sur un autre ton. Il en fut ainsi et la nouvelle Chambre se dressa comme un fort soutien au régime, une assemblée parlementaire structurée pouvant s'interposer efficacement entre l'exécutif et le Corps législatif faisant office de Chambre basse. Ce renforcement du Sénat sera conservé pendant la IIIe République, née sur les cendres du Second Empire et après l'épisode de la Commune de Paris. C'est ce Sénat qui renversera un certain nombre de Gouvernements et s'associera à la Chambre des députés, en 1940, pour donner les pleins pouvoirs au Maréchal PÉTAIN, signant l'arrêt de mort de la IIIe République.

La constitution française du 27 octobre 1946 marquant l'ère de la IVe République manifesta alors une défiance à l'égard du Sénat, lui préférant un Conseil de la République aux pouvoirs étriqués. Malgré la stature de son Président[9], le Conseil de la République perdit le pouvoir d'initiative législative et fut confiné à émettre des avis, à proposer des amendements : elle devint plus une chambre de réflexion qu'une chambre de décision. La nouvelle constitution

---

[9] Le Président du Conseil de la République est Chef du Gouvernement et assure l'intérim à la Présidence de la République.

formula le principe du dernier mot réservé à la Chambre basse dans la procédure législative et indiqua que c'est désormais par la seule Assemblée Nationale que le peuple exerce sa souveraineté[10].

Il faudra attendre l'affadissement de la quatrième République, apparu assez tôt, la révision constitutionnelle de 1954,[11] mais surtout la constitution de la Ve République, celle du 04 octobre 1958, pour assister à la renaissance d'un Sénat à peu près réhabilité dans ses prérogatives d'assemblée parlementaire de plein exercice : le Sénat, désormais, assure la représentation des collectivités territoriales de la République[12], dispose du pouvoir de vote, de la possibilité d'approuver la déclaration de politique générale du Gouvernement et participe à la nomination des membres du Conseil Constitutionnel . Le Sénat du Général de Gaulle, père de la cinquième République, est conçu pour être un antidote au régime d'assemblée, mais aussi un organe de régulation institutionnelle.

Curieusement, des tensions vont apparaître entre le pouvoir exécutif et la Chambre haute à mesure que cette dernière refusait de s'aligner sur des considérations purement partisanes, voire politiciennes. L'hostilité du Sénat sur le projet d'élection du Président de la République au suffrage universel direct plutôt que par le vote des parlementaires, le rejet de l'initiative de transformation de

---

[10] On assiste à un bicamérisme de façade, que certains ont, opportunément, qualifié de « mono-bicamérisme » ; l'expression est de Jean GARRIGUES, « histoire du bicamérisme français et éléments de droit comparé », in « le bicamérisme à la française : un enjeu démocratique », *Actes du Colloque* organisé le 17 avril 2014 par le Groupe d'Études sur la Vie et les Institutions parlementaires (GEVIPAR).

[11] Sous l'impulsion de René Coty, ancien vice-Président du Conseil de la République, élu Président de la République Française en 1953.

[12] Article 24 de la Constitution française.

la Haute Assemblée en organe simplement consultatif en furent des points d'orgue. Cela vaudra à cette Chambre une marginalisation hiératique jusqu'au départ du Président Charles de GAULLE, lui permettant alors de reconquérir ses lettres de noblesse, sans pouvoir, malheureusement, retrouver la stature qui lui fut réservée autrefois. Malgré cela, le Sénat français dispose d'une assise qui semble plus reluisante que celle de la Chambre haute anglaise.

L'institution parlementaire en Angleterre, comme en France d'ailleurs, tire ses racines de la *Curia regis*, Cour royale composée de dignitaires dont la mission primordiale fut d'assister le monarque. Ces dignitaires finirent par se soulever avec l'aide d'autres barons, dont l'archevêque de Canterbury, contraignant la royauté à un compromis inscrit dans une Grande Charte, la *Magna Carta*. La *Magna Carta* signée en 1215 par le Roi Jean sans Terre institua un groupe de Conseillers, prélude à une véritable assemblée parlementaire, pour veiller au respect de l'encadrement des pouvoirs du monarque.

Après les tentatives de remise en cause de la *Magna Carta*, et des réformes plus ou moins heureuses, un Grand Conseil plus connu sous le nom de *Magnum Concilium, Great Council*, fut formalisé en 1225. Ce Grand Conseil sera plus tard remplacé par un Parlement bicaméral sous le règne d'Édouard III (1327-1377). Il sera composé d'une Chambre populaire, la Chambre des communes, qui côtoiera la Chambre des Lords, résultant de la transformation du Magnum Concilium.

L'Angleterre présentait ainsi le visage pionnier d'un Parlement bicaméral, dont les pouvoirs devaient croître sans cesse, à mesure que la monarchie s'affaiblissait. Le régime parlementaire finit par supplanter le Gouvernement monarchique. Au sein même du Parlement, les exigences démocratiques rongeaient progressivement les prérogatives de la Chambre des Lords, Chambre haute, dont le système de désignation ne connaît que peu les voies du suffrage.

La *House of Lords, House of peers,* n'a rien perdu de son prestige, mais de sa puissance historique. Depuis 1911, elle a perdu l'essentiel de ses compétences législatives et politiques, mais continue de meubler le décor parlementaire de Westminster. Elle demeure tout de même une assemblée parlementaire, mais davantage pour un rituel cérémonial, puisque désormais dépourvue d'un véritable pouvoir de blocage. Si elle peut ralentir le processus d'adoption d'une loi, la Chambre des Lords n'est plus en mesure de retoquer un texte voté par la Chambre des communes. Elle reste le symbole du bicamérisme britannique qui doit en réalité son maintien à la tradition conservatrice du Royaume-Uni. Ce système parlementaire sera transposé, *mutatis mutandi*, au Nigeria, qui devint colonie anglaise à partir de 1914.

Le Nigeria, sous domination britannique est un État unitaire dont les provinces ne bénéficieront d'une certaine autonomie interne qu'avec la *Macpherson constitution* de 1951. Cette Constitution redéfinissait l'architecture parlementaire au Nigeria, faite en strates : la *Central house of Representatives,* siégeant à Lagos, chapeautait des assemblées locales établies en périphérie, composées de *houses of chiefs* côtoyant des *houses of assembly.*

Cependant, c'est avec la *Lyttelton constitution* de 1954 consécutive aux mouvements nationalistes portés par des leaders tels que NNAMDI AZIKIWE ou Chief OBAFEMI AWOLOWO que le fédéralisme est institué au Nigeria et, en conséquence, un bicamérisme formel à l'échelle nationale. La *Southern Cameroon,* fragment du Cameroun placé sous tutelle britannique, est érigée en Région au sein de la Fédération du Nigéria. Chaque Région est dotée de structures administratives et d'un organe législatif, mais l'Assemblée Nationale bicamérale située à Lagos comprend une Chambre des Représentants et un Sénat. C'est avec ce dispositif que le Nigeria accède à l'indépendance le 1er octobre 1960, et que dans la foulée, la *Southern Cameroons* retrouve l'ex-Cameroun oriental en octobre 1961 pour former la République Fédérale du Cameroun.

Le fédéralisme camerounais s'essoufflera assez tôt, puisqu'il prend fin en 1972[13]. Pendant cette période (1961 – 1972), le pays fonctionnait avec une Assemblée Fédérale monocamérale et deux Parlements correspondants aux deux États membres de la fédération : l'État fédéré du Cameroun oriental et l'État fédéré du Cameroun occidental[14].

Au plan local, l'État fédéré du Cameroun occidental avait conservé son héritage antérieur à la réunification du pays : une assemblée législative (*house of assembly)* et, deuxième chambre, une « *house of chiefs* » composée des représentants de chefs traditionnels. Pendant ce temps, le Cameroun oriental, qui fonctionnait avec une Assemblée Représentative du Cameroun (ARCAM) disposait de représentants au Conseil de la République, qui sera brièvement remplacé par le Sénat de la Communauté[15], Chambre haute en France. L'ARCAM sera transformée le 30 mars 1952 en Assemblée Territoriale du Cameroun (ATCAM) puis, le 10 mai 1952, en Assemblée Législative du Cameroun. Elle deviendra Assemblée Nationale du

---

[13] La République Fédérale du Cameroun a vécu du 1er octobre 1961 au 20 mai 1972.

[14] NAMA AZANG D., *Lumières sur l'administration de l'Assemblée Nationale au Cameroun*, Paris, L'Harmattan, 2012, pp 70-71.

[15] Le Sénat de la Communauté (1958-1961) fut mis en place dans l'espoir d'y recevoir les Représentants des territoires membres de la Communauté après la disparition du Conseil de la République. Cet organe ne connaîtra qu'un destin éphémère puisque ces pays accèderont à l'indépendance dès 1958 avec la Guinée et en 1960 pour la majorité.

Cameroun[16] le 10 avril 1960, suite à l'indépendance proclamée le 1er janvier précédent.

On le voit, le Cameroun ex-occidental, la *Southern Cameroons*, retrouve le Cameroun ex-oriental avec une certaine expérience bicamérale qui sera maintenue pendant l'intermède fédérale[17]. Il s'agit cependant d'un bicaméralisme résiduel et marginal : limité par l'étroitesse des compétences reconnues aux assemblées fédérées et confinées à un seul État fédéré. De la sorte, c'est la loi n° 96-06 du 18 janvier 1996 portant révision de la constitution du 02 juin 1972 qui inaugure véritablement l'ère bicamérale au Cameroun.

Le bicamérisme camerounais, ainsi inspiré de la tradition parlementaire britannique et du système politique français, intervient cependant dans un contexte de bouleversements sur la scène internationale et de crises au niveau national. La chute du mur de Berlin, en 1989, l'essoufflement de la guerre froide et l'effondrement du bloc communiste se sont révélés comme des indicateurs d'un nouveau paradigme dans les relations internationales. Au cours d'un sommet France-Afrique qui suivit ces bouleversements, le Président français, François MITTERAND, prononça un discours célèbre, connu comme discours de la Baule[18], qui incitait les pays africains à des réformes politiques et économiques adaptées à la conjoncture. À l'intérieur des États africains, des

---

[16] Assemblée Nationale du Cameroun oriental, qu'il faudrait distinguer de l'Assemblée Nationale de la République Unie du Cameroun : en vertu de l'article 12 de la Constitution du 02 juin 1972, l'Assemblée Fédérale du Cameroun est remplacée par l'Assemblée Nationale du Cameroun.

[17] Dans le même sens, EKO'O AKOUAFANE J.-C., *Le Sénat au Cameroun et en Afrique*, Paris, L'Harmattan, 2011, p. 34.

[18] Le discours de la Baule a été prononcé le 20 juin 1990 dans la commune française de La Baule-Escoublac (Loire-Atlantique), à l'occasion de la 16e conférence des chefs d'États d'Afrique et de France.

revendications politiques et sociales en termes de libertés et de démocratie se firent entendre. Le Cameroun, aussi, était en ébullition avec des campagnes de villes mortes, de désobéissance civile et de violences urbaines. L'ordre gouvernant eut le génie d'organiser une conférence tripartite qui se termina par une déclaration recommandant la création de nouveaux organes constitutionnels, parmi lesquels une Chambre haute que l'on désignerait Sénat ou Conseil de la République[19].

À la suite de cette rencontre tripartite, des élections législatives furent organisées. Elles débouchèrent sur une Assemblée Nationale hétérogène[20], avec notamment l'absence de majorité absolue pour un quelconque parti politique. La Chambre unique ainsi constituée était bouillonnante, faisant écho de l'agitation sociopolitique qui se faisait davantage pressante. Les tractations révélèrent alors au grand jour la délicatesse de la coalition qui permit à la majorité présidentielle de former un Gouvernement et la fragilité de l'équipe gouvernementale constituée. D'autant plus que le Social Democratic Front (SDF), principal parti d'opposition d'obédience anglophone, n'avait pas pris part aux consultations électorales et que des

---

[19] « Dans le but de consolider l'indépendance et l'unité nationales, d'enraciner la démocratie dans notre société…un large consensus s'est dégagé sur les options Constitutionnelles majeures (…) 6- la création d'organes Constitutionnels nouveaux, à savoir : une cour Constitutionnelle, une cour des comptes, un conseil d'État (qui coiffe un système de juridictions administratives), une Chambre Haute (Sénat ou Conseil de la République), une Haute Autorité de la Communication, une Haute Autorité de la Fonction publique » ; cité par A.A. TEME, *La mise en place du Sénat au Cameroun*, 2015, Paris, L'Harmattan, 2015, p. 26.

[20] Sur les 180 sièges de la Chambre, le Rassemblement Démocratique du Peuple Camerounais (RDPC), parti au pouvoir, obtint 88 sièges, l'Union Nationale pour la Démocratie et le Progrès (UNDP) 68 sièges, l'Union des Populations du Cameroun (UPC) 18 sièges et le Mouvement pour la Défense de la République (MDR) 06 sièges.

revendications à caractère sécessionniste se faisaient entendre dans l'ex-Cameroun occidental.

Au cours de la législature, la loi n° 96-06 du 18 janvier 1996 portant révision de la Constitution du 02 juin 1972 fut adoptée, ouvrant un débat sur la nature de l'Assemblée Nationale, assemblée législative qui se serait transformée en assemblée constituante[21]. Dans tous les cas, la nouvelle Constitution proclame dès son article premier que le Cameroun est un État unitaire décentralisé, une et indivisible, laïque, démocratique et sociale. Les pouvoirs publics sont organisés en conséquence de cette proclamation et les organes adéquats sont institués. C'est dans ce cadre que l'article 14 de la Constitution dispose que le pouvoir législatif est exercé par le Parlement, qui comprend deux chambres, l'Assemblée Nationale et le Sénat.

On peut ainsi, à la lumière des développements ci-dessus, affirmer que l'apparition du Sénat au Cameroun procède d'un ancrage historique lointain, et qu'elle s'est imposée pour répondre à une nouvelle donne politique occasionnée par les agitations sociales et les revendications démocratiques des années 90. Ces données sociopolitiques exigeaient une nouvelle ingénierie parlementaire adaptée au besoin de maîtrise de l'environnement et devant tempérer les emportements de l'assemblée unique alors remuante. Dans ce contexte, le Cameroun a choisi le bicamérisme et s'est doté d'une nouvelle Chambre parlementaire : le Sénat.

Le Sénat est donc le fruit d'un accord politique, une Chambre parlementaire conçue pour faire face aux remous sociopolitiques et qui devrait s'adapter au contexte en même temps qu'aux réalités du pays. L'Institution apparaît ainsi, avant tout, comme la matérialisation d'une volonté de bicaméralisme dont il est, en conséquence, le garant (I).

---

[21] KAMTO M., « Révision Constitutionnelle ou écriture d'une nouvelle Constitution », *Lex Lata*, n°s 23-24, février-mars 1994, p.17.

Pour autant, cette volonté bicamérale appelait un défi : établir juridiquement un second organe de représentation parlementaire, sur une base de représentativité démocratique politiquement acceptée. Le constituant l'a conçu comme un outil d'accompagnement et d'animation de la décentralisation territoriale (II).

TITRE 1

LE SÉNAT : GARANT DU BICAMÉRISME

La notion de bicamérisme ou bicaméralisme[22] est typique au vocabulaire parlementaire, ayant été conçue pour désigner un Parlement composé de deux Chambres. Cette division du travail parlementaire répond souvent à un double enjeu : d'une part, assurer la représentation de la population et des entités territoriales, notamment dans les États composés et, d'autre part, améliorer la fonction parlementaire en adjoignant une seconde Chambre à la première.

Le système de la double représentation fait l'objet de critiques, inhérentes au principe même de la démocratie représentative, mais aussi celles spécifiques au principe de la représentation multiple. La démocratie représentative ou indirecte semble contredire le fondement même de la démocratie, pouvoir au peuple qui devrait alors l'exercer directement et non par un groupe d'élites élues ou autrement désignées qui prennent des décisions en son nom. Le système représentatif est qualifié de non inclusif, parce qu'il peut engendrer une sous-représentation de certaines catégories sociales ou la marginalisation de certaines minorités ; il est perçu comme peu efficace, voire inefficace, en l'absence de mandat impératif[23] et en raison d'une pression faible sur les élus. Selon la boutade du doyen Georges Vedel, ce que l'on reproche à la démocratie représentative « est d'être insuffisamment démocratique et insuffisamment représentative ». L'authentique démocratie serait dont directe, l'ensemble des citoyens devant décider des lois sans passer par des représentants. La double représentation multiplie les griefs portés contre le principe de

[22]Une distinction est parfois faite, entre le bicamérisme, système d'organisation du parlement en deux Chambres et le bicaméralisme qui signifierait davantage la doctrine qui prône le bicamérisme, voire le multicamérisme.

[23] KAMTO (M.) et MOUANGUE KOBILA (J.), « Sur une question en débat : nullité du mandat impératif et déchéance des élus au Cameroun », Lex Lata, n° 32, Novembre 1996, p. 9s.

la représentation politique : elle est indexée comme source de surreprésentation de certains groupes de citoyens, alors même que le dédoublement de la fonction législative aboutit parfois à l'affaiblissement du pouvoir législatif face à l'exécutif[24].

Avec les mutations contemporaines, la démocratie représentative apparaît pourtant comme un impératif pour le bon fonctionnement de la démocratie elle-même, en raison du nombre des citoyens et des contraintes d'espace. Elle apporte un gain de temps aux citoyens qui ne sont sollicités que pour élire des représentants, pouvant s'occuper à autre chose qu'à réfléchir à la vie collective ; elle permet au peuple de prendre du recul afin de pouvoir sanctionner d'éventuelles mauvaises orientations politiques ainsi que des représentants jugés inappropriés.

L'émergence de la démocratie représentative s'est nourrie du système de la représentation multiple, dont le dessein était de corriger les faiblesses de la simple représentation. Le modèle bicaméral est alors conçu pour favoriser le contrôle parlementaire sur l'exécutif, garantir davantage le principe de la séparation des pouvoirs, le

---

[24] Sur un plan rigoureusement juridique, la théorie de la représentation ne serait qu'une fiction. L'élu ne représente pas ses électeurs, car, le citoyen qui n'est pas individuellement titulaires d'un droit à représentation n'a donc pas ce pouvoir à transmettre à l'élu : le vieil adage juridique est bien connu, *nemo in alium plus juris transferre potest quam ipse habet*, nul ne peut transmettre plus de droits qu'il n'en a lui-même. Pas plus que l'Assemblée ne représente le peuple ou la Nation, faute de volonté transférée entre le mandant et le mandataire, et d'une personne juridique tierce aux deux premiers devant laquelle le mandat à vocation à s'opérationnaliser : dans le système représentatif, la nation se gouverne elle-même par la Représentation, le parlement, de telle sorte que l'organe représentatif « finit par représenter quelqu'un (le peuple ou la nation) devant lui-même. La tierce partie, celle devant laquelle la seconde était censée représenter la première, a disparu ». Voir, pour amples détails, TURPIN (D.), « Critiques de la représentation », *Revue Pouvoirs*, 7, 1978, p. 8.

rayonnement de la démocratie, le respect des droits et libertés. À ce sujet, LALLY-TOLLENDAL affirme que : « *le dualisme des assemblées est un axiome que la raison et l'expérience ont placé hors d'atteinte, car partout où le pouvoir législatif est en une seule main, la liberté ne peut exister* »[25]. C'est sans doute le résultat escompté par l'article 14 de la Constitution[26] qui institue le bicamérisme au Cameroun, en ces termes : « le pouvoir législatif est exercé par le Parlement, qui comprend deux chambres : l'Assemblée Nationale et le Sénat ».

Le Sénat, au Cameroun, partage ainsi avec l'Assemblée Nationale l'exercice du pouvoir législatif. Il s'agit de deux Chambres parlementaires de plein exercice qui, en concours, légifèrent et contrôlent l'action du Gouvernement. Le bicamérisme que cela induit tire son origine de l'expansion des revendications politiques de la fin du 20e siècle, se présentant alors comme un gage supplémentaire de démocratie (Chapitre 1). Le mécanisme demeure cependant tiède, puisque le Sénat, qui en garantit l'effectivité, ne paraît pas suffisamment armé pour en assurer l'efficacité. L'architecture en place nécessite une plus grande clarification, de nature à lever des équivoques ou apporter plus d'équilibre à l'édifice (Chapitre 2).

[25] De LALLY-TOLLENDAL (G.) cité par Jan (P)., *Les Assemblées parlementaires françaises*, 2005, Doc. fr., p. 17.
[26] Loi nº 96/06 du 18 janvier 1996 portant révision de la Constitution du 02 juin 1972, modifiée et complétée par la loi nº 2008/001 du 14 avril 2008.

Chapitre 1

Bicamérisme et plus-value démocratique

Le Parlement représente le peuple et exerce la souveraineté nationale, mais n'a pas vocation à animer la vie politique au même titre que le Gouvernement et le Président de la République. Redoutant un parlementarisme excessif et inspiré de ce que l'on a appelé le « parlementarisme rationalisé »[27], le constituant s'est montré fort prudent en reléguant le Parlement à un rang secondaire. Malgré cela, l'Institution parlementaire demeure au cœur de la démocratie dont elle influence le destin[28].

La structuration du bicamérisme reflète cette prudence originelle, plus sévèrement encore. Le constituant camerounais institue formellement un Parlement composé de deux assemblées législatives de plein exercice, ce qui signifie que chacune, des deux Chambres, dispose de l'entièreté du pouvoir législatif et qu'aucune d'entre elles n'a vocation à intervenir dans le champ des autres pouvoirs[29].

---

[27] MIRKINE-GUETZÉVITCH, (B.) « Le régime parlementaire dans les Constitution s européennes », Revue internationale de droit comparé, n° 4, 1950, p. 620.

[28] KELSEN (H.), EISENMANN (Ch.), RAYNAUD (Ph.), *La démocratie, sa nature, sa valeur*, Paris, Dalloz, 2004. Hans KELSEN a notamment eu cette formule restée célèbre : le parlement est « le destin de la démocratie ».

[29] Au Royaume-Uni jusqu'en 1999, la Chambre des Lords était une assemblée législative aux pouvoir réel bien que limité, mais qui en même temps remplissait les fonctions judiciaires d'une Cour suprême aux compétences Constitutionnelles, administratives et même

Cette orientation traduit le caractère contemporain de l'institution camerounaise, qui se distingue ainsi des modèles anciens de bicamérisme comprenant une seconde Chambre aux pouvoirs judiciaires. On se souvient, par exemple, que le Sénat des conservateurs, sous Napoléon Premier consul, validait les lois, veillait à leur constitutionnalité, contrôlait la légalité des actes administratifs, en même temps qu'il arbitrait les différends institutionnels entre les institutions. Au Royaume-Uni jusqu'en 2005, la Chambre des Lords était une assemblée législative qui remplissait en même temps des fonctions juridictionnelles d'une Cour suprême. Elle comptait en son sein des Law Lords et exerçait des compétences constitutionnelles, administratives et même judiciaires, révélant ainsi une atteinte formelle à la théorie de la séparation des pouvoirs.

Par-dessus tout, le bicamérisme est constamment objet de critiques, considéré comme « l'un des plus grands échecs de la pratique démocratique contemporaine »[30]. Il serait source de lourdeur législative, porteur d'un potentiel d'instabilité ou de déséquilibre institutionnel. On en déduit qu'il est inutile, voire nuisible ; et que son ère est révolue[31]. En réalité, le rejet du bicamérisme est lié au déclin du parlementarisme[32] : le Parlement contemporain souffre d'un déficit de légitimité, entendue comme source de

---

judiciaires, révélant ainsi constituait une atteinte formelle à la théorie de la séparation des pouvoirs. A un moment de l'histoire britannique, le Chancelier en était d'ailleurs membre.

[30] DE BAECQUE, (A.) « Une histoire de la démocratie en Europe », Le Monde, 1991, p. 35.

[31] Laski (H.), cité par Aboya Endong (M, « Le bicamérisme en Afrique : visions post-conflit et perspectives démocratiques », Solon 2005, vol. 1, n° 2, p. 2.

[32] QUINART (E.), L'émancipation du pouvoir réglementaire (1914-1958), Thèse, Lille-Nord, 2019.

crédibilité morale et politique, lié à diverses pratiques institutionnelles et politiques.

Pour autant, la double représentation apporte assez de parlementarisme, ce qui engendre davantage de démocratie[33]. Elle demeure en cohérence avec le principe de la séparation des pouvoirs, comme préconisée par John LOCKE[34] et Charles de MONTESQUIEU[35]. Ce dernier affirmait notamment que le bicamérisme est une condition essentielle de l'équilibre des pouvoirs, afin que par la nature des choses « le pouvoir arrête le pouvoir ». Il s'agit donc de l'un des socles fondamentaux de la démocratie, un outil de vivacité du parlementarisme, car, si les déconvenues d'un excès de parlementarisme ont été décriées, son affaiblissement progressif l'est tout de même. Les mécanismes de contraintes dont dispose l'exécutif sur les assemblées[36], la dépendance budgétaire et financière, les limitations liées au temps d'étude des projets ou aux systèmes de contrôle sont autant d'éléments qui favorisent la mise à l'étroit du Parlement. En conséquence, au fur et à mesure, les parlementaires se retrouvent, sinon impuissants, du moins sans influence majeure sur le cours des événements.

Le bicamérisme apparaît donc comme un instrument de renforcement du parlementarisme, qui demande à être relevé de son essoufflement graduel. C'est peut-être un moyen de revaloriser la fonction parlementaire et

---

[33] BEL (J-P.), « le bicamérisme à la française : un enjeu démocratique », Actes du colloque organisé le 17 avril 2014 au Sénat français par le Groupe d'Études sur la Vie et les Institutions parlementaires (GEVIPAR), p.13 et s.

[34] LOCKE (J.), *Traité du Gouvernement civil,* Paris, C. Volland, 1802

[35] MONTESQUIEU (Ch. L.), *De l'esprit des lois,* Genève, 1748.

[36] Le pouvoir de dissolution (art. 8(12)), la fixation prioritaire de l'ordre du jour des assemblées (art. 18(4) et 23(4)), encadrement strict des propositions de loi ou amendements (art. 18(3)(a) et 23(3)(a)), vote bloqué (art. 30(3)(b).

rééquilibrer les pouvoirs. Au-delà, l'institution bicamérale présente de nombreuses vertus, même si la justification de son recours diffère d'un État à l'autre : l'histoire, les données sociales et culturelles ou les contingences politiques sont autant de contraintes qui orientent les États vers le système de double représentation parlementaire. Le bicamérisme apparaît dans tous les cas comme une chance de progrès démocratique. Si la nécessité de réfléchir à son optimisation est indéniable, il faudrait reconnaître que l'institution améliore par le dialogue aussi bien la qualité de la production législative (Section 1) que celle du contrôle de l'exécutif (Section 2).

Section 1- Bicamérisme et meilleure qualité du travail législatif

D'un pays à l'autre, les Parlements peuvent se voir confier des fonctions plus ou moins variées, qui sont autant de pouvoirs : fonctions législatives, de contrôle, électives[37] ou de représentation[38]. Dans certains cas, ils disposent même du pouvoir de connaître en jugement de certaines infractions relevant de la sphère politique, à l'instar des crimes de haute trahison ou d'atteintes à la sûreté de l'État[39]. Certains Parlements se voient même dotés d'un pouvoir constituant, c'est-à-dire du droit de modifier la constitution, qu'ils partagent en général avec le peuple suivant le mécanisme du référendum.

Cependant, les fonctions essentielles du Parlement demeurent l'exercice du pouvoir législatif et le contrôle de

---

[37] SCHWAB (P.), « *La fonction élective et le contrôle des nominations du parlement* », Communication à la session de l'Association des Secrétaires généraux des parlements, Lusaka, 2016.

[38] SAINT-PIERRE (J.), « *Représentation et démocratie parlementaire* », Revue d'histoire du Québec, numéro 94, 2008, p. 38s.

[39] Infractions prévues au Cameroun à l'article 53 de la Constitution.

l'action Gouvernementale. Ces deux missions traditionnelles, législative et de contrôle, ont été confiées aux deux chambres du Parlement camerounais qui l'exercent de manière concurrente[40]. En optant pour des compétences concurrentes plutôt que spécifiques, le constituant camerounais offre des garanties pour une meilleure qualité de la production législative (paragraphe 1), mais permet en même temps aux deux Chambres de se contrôler réciproquement (paragraphe 2).

Paragraphe 1- Meilleure qualité de la production législative

L'élaboration de la loi est l'une des prérogatives fondamentales du Parlement, chargé de fixer les règles relatives aux droits et obligations fondamentaux des citoyens, au statut des personnes et au régime des biens, à l'organisation politique, administrative et judiciaire de l'État, aux questions financières et patrimoniales, au régime de l'éducation, à la programmation économique et sociale[41].

Au regard du domaine et des matières ainsi attribuées, la loi se révèle une norme très importante pour être examinée par une seule assemblée[42], sans dialogue ni contradiction, de manière nécessairement expéditive. Un double regard, suivant le mécanisme de la navette (A) permet d'améliorer le processus discursif pour aboutir à une norme dogmatique de meilleure qualité (B).

---

[40] Article 14 (2) de la Constitution.

[41] Article 26 de la Constitution.

[42] BEL (J-P.), « Le bicamérisme à la française : un enjeu démocratique », Actes du colloque organisé le 17 avril 2014 au Sénat français par le Groupe d'Études sur la Vie et les Institutions parlementaires (GEVIPAR), p.13 et s.

A- La navette et la maturation législative

Sur le processus d'élaboration de la loi, la Constitution institue ce qui est connu comme la navette parlementaire. Il s'agit d'un procédé d'oscillation des textes soumis à l'examen d'un Parlement bicaméral, les textes passant de l'examen d'une Chambre à celle d'une autre en vue d'aboutir à son adoption dans les termes identiques. La navette, inhérente au bicamérisme, est apparue au Cameroun avec la mise en place du Sénat[43]. Son siège se trouve à l'article 30 de la Constitution qui dispose que : « *les textes adoptés par l'Assemblée Nationale sont aussitôt transmis au Président du Sénat par le Président de l'Assemblée Nationale* », pour un nouvel examen. Trois hypothèses sont envisageables : le Sénat peut adopter le texte, y apporter des amendements ou le rejeter, en tout ou en partie. Dans tous les cas, le texte est retourné à l'Assemblée Nationale.

Le texte adopté sans amendement est transmis au Président de la République par le Président de l'Assemblée Nationale pour promulgation. En cas d'amendements proposés par le Sénat, ceux-ci sont adoptés ou rejetés à la majorité simple des députés. Le texte adopté définitivement est transmis par le président de l'Assemblée Nationale au Président de la République pour promulgation. Lorsqu'il y a rejet total ou partiel par le Sénat, le texte en cause, accompagné de l'exposé des motifs du rejet, fait l'objet d'une nouvelle délibération à l'Assemblée Nationale, qui ne peut l'adopter qu'à la majorité absolue des députés. Le texte adopté définitivement par l'Assemblée Nationale est transmis au Président de la République pour promulgation.

---

[43] TEME (A.A.), *La mise en place du Sénat au Cameroun*, L'Harmattan, 2015, 249 p.

En cas d'absence de majorité absolue, le Président de la République peut provoquer la réunion d'une commission mixte paritaire chargée de proposer un texte commun sur les dispositions rejetées par le Sénat. Le texte élaboré par la commission mixte paritaire est soumis par le Président de la République aux deux chambres pour approbation. Aucun amendement n'est recevable, sauf accord du Président de la République. Si la commission mixte paritaire ne parvient pas à l'adoption d'un texte commun, ou ce texte n'est pas adopté par l'une et l'autre chambre, le Président de la République peut : - soit demander à l'Assemblée Nationale de statuer définitivement ; -soit déclarer caduc le projet ou la proposition de loi.

Ce mouvement de va-et-vient permet de polir le projet ou la proposition de loi, de l'améliorer, de la bonifier et d'assurer une maturation des idées pour finalement permettre au Parlement de délivrer une meilleure qualité de la loi. Par ce jeu, la navette établit une démarche de réflexibilité, de dialogue, de contradiction et de conciliation, et favorise la recherche de l'intérêt général[44] ; elle offre des gages pour « une plus grande maturité », permet d'éviter des lois mal écrites, mal formulées, mal libellées ou articulées, peu soignées, peu compréhensibles.

Signalons, toutefois, que le bilan de l'impact de la navette sur la qualité de la loi apparaît mitigé après deux législatures sénatoriales. L'une des causes serait les délais d'adoption assez contraints pour la seconde Chambre, qui dispose d'un « délai de dix (10) jours à partir de réception des textes ou ... de cinq (5) jours pour les textes dont le Gouvernement déclare l'urgence » pour délibérer. Dans

---

44 TÜRK (P.), « Le Sénat : une assemblée de bons légistes ? », Pouvoirs, n° 159, 2016, p. 70.

tous les cas, cette circulation de la petite loi[45] favorise le dialogue entre les Chambres parlementaires, notamment à travers les suggestions d'amendements.

B- Les amendements et la qualité de la loi

Les amendements sont des modifications apportées à un projet ou proposition de loi en commission ou en séance plénière. Ils obéissent à un formalisme rigoureux et, en général, à des conditions de recevabilité assez contraintes : ils doivent être formulés par écrit, motivés et signés de leurs auteurs, déposés sur le Bureau de la Chambre bien avant les travaux de la séance plénière ou en commission et communiqués. Les "cavaliers législatifs", sortes d'amendements de jactance ou sans lien direct ou indirect avec le texte en examen, ne sont pas admis.

Par ailleurs, « *sont irrecevables, les propositions de loi ou amendements qui auraient pour effet, s'ils sont adoptés, soit une diminution des ressources publiques, soit l'aggravation des charges publiques sans réduction à due concurrence d'autres dépenses ou création de recettes nouvelles d'égale importance* »[46]. En tout état de cause, « *Aucun amendement n'est recevable, sauf accord du Président de la République* »[47].

Les amendements sont initiés par les parlementaires, à titre individuel ou collectivement, ou au nom d'une commission chargée d'étudier le texte avant sa présentation devant la chambre entière. Les amendements peuvent également provenir du Gouvernement, d'autant plus que, dans tous les cas, ils ne sont définitivement approuvés

---

[45] Selon les usages parlementaires, le texte en transition au parlement, devant l'Assemblée Nationale ou le Sénat est appelé « *petite loi* ».

[46] Article 23(3)(a) de la Constitution

[47] Article 30 de la Constitution ; article 46(4) du Règlement Intérieur du Sénat

qu'avec le quitus du représentant de l'exécutif. Le droit d'amendement est donc partagé entre le Parlement et le Gouvernement, qu'il s'agisse des amendements présentés pendant l'examen d'un texte en commission ou de ceux proposés en séances publiques.

La législation camerounaise assimile aux amendements les contre-projets. Ces derniers obéissent en principe aux mêmes conditions de recevabilité, mais à un régime procédural nuancé. L'article 70 (6) de la loi portant Règlement intérieur du Sénat dispose à cet effet que : « ... *Les contre-projets constituent des amendements à l'ensemble du texte en discussion. Ils ne sont appelés en séance plénière que s'ils ont été jugés recevables par la Conférence des Présidents et antérieurement soumis à la Commission générale compétente. Le Sénat ne peut être consulté que sur leur prise en considération. Si elle est prononcée, le contre-projet est renvoyé à la Commission qui doit le prendre comme base de discussion et présenter un nouveau rapport dans le délai que le Sénat peut impartir* »[48].

Dans tous les cas, les amendements constituent un moyen de rattrapage dans le processus de construction de la loi. Ils nourrissent le débat parlementaire, ce qui permet de corriger les imperfections de la loi et de conjurer notamment les lois liberticides. En reconnaissant le pouvoir d'amendement aux deux assemblées parlementaires, le bicamérisme contribue au façonnement législatif et participe de la qualité du produit législatif.

Les statistiques demeurent cependant vierges sur l'effectivité des amendements au cours des trois législatures bicamérales expérimentées à ce jour. Certes, de nombreuses corrections matérielles ont été apportées sur les textes venus

---

[48] Article 70 loi n° 2016/011 du 27 Octobre 2016 modifiant et complétant certaines dispositions de la loi n° 2013/006 du 10 Juin 2013 portant Règlement Intérieur du Sénat.

de l'Assemblée nationale, mais aucun amendement n'a été formellement voté de façon à entraîner un nouvel examen au niveau de la Chambre basse, ou à provoquer l'arbitrage de l'exécutif. Probablement du fait de la jeunesse de l'institution sénatoriale qui en est à la troisième législature, mais aussi de l'alignement de la majorité sénatoriale sur celle de l'Assemblée Nationale depuis lors[49]. En tout cas, une dizaine d'années de fonctionnement ne paraît pas suffisante pour se prononcer définitivement sur la performance légistique du Sénat camerounais et il reste acquis que la possibilité d'amendements pourrait se révéler, le cas échéant, d'un grand secours pour ralentir les éventuelles poussées de la Chambre basse ainsi placée sous contrôle.

Paragraphe 2- Dialogue et contrôle réciproque des Chambres parlementaires

Le bicamérisme institutionnalise un dialogue entre les deux assemblées, ce qui permet la conciliation des points de vue et la recherche de solutions constituant la meilleure expression possible de la volonté générale. La seconde Chambre, particulièrement, se positionne comme une assemblée de raison et de sagesse ayant vocation à contrecarrer certaines velléités de la première chambre (A) ou même, plus subtilement à arbitrer en la protégeant dans certaines hypothèses de crise (B).

A- Bouclier contre le régime d'assemblée

Le régime d'assemblée[50] est caractérisé par la toute-puissance du législatif. En effet, il assujettit tous les autres

---

[49] Depuis la mise en place du Sénat en 2013, le parti de la majorité présidentielle, le Rassemblement Démocratique du Peuple Camerounais, est ultra dominant dans les deux Chambres du Parlement.
[50] LE PILLOUER (A.), « La notion de « régime d'assemblée » et les origines de la classification des régimes politiques », Revue française

pouvoirs, y compris le pouvoir judiciaire, qui lui sont alors subordonnés. L'exécutif, notamment le Gouvernement, dépend de son investiture et peut être révoqué à tout moment. Dans ces circonstances, l'assemblée légifère et gouverne. On assiste dans ces conditions à une confusion des pouvoirs plutôt qu'à la séparation des pouvoirs. Pour le désigner, la doctrine utilise assez de formules considérées, à tort ou à raison, comme synonymes : « régime d'assemblée », « Gouvernement d'assemblée », « régime conventionnel » ou même « régime directorial ».

Pour comprendre la menace de régime d'assemblée, il faudrait se rappeler que le système politique camerounais s'inspire du parlementarisme rationalisé français, construit sur l'histoire de la monarchie ainsi que l'expérience des régimes parlementaires et présidentiels qui se sont succédé. La France a connu notamment deux régimes d'assemblée[51] : le régime de la Convention nationale (1792 -1795), le plus emblématique, et le régime de l'Assemblée Nationale de 1871 à 1875. Le régime conventionnel correspond à la période suivant la proclamation de la Première République, durant laquelle l'assemblée unique, qui s'était attribuée presque tous les pouvoirs, a parfois exercé ces derniers de manière brutale : L'Assemblée issue du suffrage universel au lendemain de la chute de Napoléon III proclama la souveraineté parlementaire et s'illustra par des excès. Ces dérives parlementaires finirent par convertir de nombreux personnages au bicamérisme. Victor HUGO, lui-même, après avoir pourfendu le bicamérisme, s'était

---

de Droit Constitutionnel, 58, 2004 ; BASTID (P.), *Le gouvernement d'assemblée*, Paris, Cujas, 1956.

[51] Les IIIème et IVème Républiques sont parfois assimilées à des régimes d'assemblée ; il s'agissait en réalité de régimes parlementaires déséquilibrés avec un pouvoir exécutif attendri au bénéfice du pouvoir législatif.

ravisé en ces termes : « La France gouvernée par une assemblée unique, c'est l'océan gouverné par l'ouragan »[52].

L'histoire politique du Cameroun s'est essentiellement construite avec un Parlement monocaméral, mais, en raison du présidentialisme ambiant couplé au régime du parti unique, l'Assemblée législative n'a pas eu l'occasion de se faire conquérante. Avec l'ouverture démocratique et le multipartisme, on a régulièrement assisté à une concordance entre la majorité parlementaire et la majorité présidentielle,[53] mais le spectre d'un régime d'assemblée est apparu comme une véritable hypothèse probable. Le système hyper-présidentiel[54] en place contient malgré tout un parfum de parlementarisme. Or, les régimes parlementaires sont connus pour se montrer parfois féconds à générer des instabilités Gouvernementales.

Le bicamérisme, avec la création du Sénat, apparaît alors comme un antidote à la menace. Il vise à conjurer les velléités d'une Chambre basse qui pourrait se mettre en rupture avec l'exécutif. De dissolution en renversement, elle pourrait bien se lever contre le cours normal d'un mandat présidentiel. D'autant plus que, par le mécanisme des propositions, elle dispose de l'initiative de la loi au même titre que l'exécutif. L'Assemblée Nationale pourrait bien être tentée de légiférer pour modifier la Constitution

---

[52] BEL J-P., « le bicamérisme à la française : un enjeu démocratique », Actes du colloque organisé le 17 avril 2014 au Sénat français par le Groupe d'Études sur la Vie et les Institutions parlementaires (GEVIPAR), p.13, *in fine.*

[53] Le parti présidentiel n'a obtenu qu'une majorité relative à l'issue des élections législatives de 1992, obligeant celui-ci à coaliser pour obtenir une majorité gouvernementale.

[54] Le régime politique camerounais se classe dans la catégorie dite présidentialiste, caractérisée par une rupture accentuée de l'équilibre des pouvoirs entre le parlement et le Président de la République, celui-ci étant appelé à jouer un rôle prépondérant dans la vie politique.

ou étendre ses prérogatives, entendu que le texte fondamental lui reconnaît un pouvoir constituant dérivé[55].

Par le jeu bicaméral, le Sénat garantit le recul et permet de contenir les emballements de l'Assemblée Nationale, qui pourrait se laisser guider par des considérations partisanes ou celles des opinions sociales et médiatiques ; il est utile, prévenait Jean Jaurès, « soit pour prévenir les violentes secousses d'opinions, soit pour donner une base suffisante au pouvoir exécutif qui, ne reposant que sur une chambre, vacillerait tous les jours »[56]. Une seule Chambre aurait tôt fait « de se croire la Nation et d'exercer une tyrannie au nom même du Peuple qu'elle opprime »[57].

Il faudrait néanmoins préciser que le bicamérisme n'est pas sous-tendu par l'idée de rivalité, qu'elle ne s'inscrit pas dans une perspective de conflit, mais dans un ordre de complémentarité entre les Chambres parlementaires. Pour autant, la seconde Chambre a vocation à jouer un rôle de contrepoids à la menace d'une dictature de la Chambre unique qui serait tentée de se faire valoir outre mesure : le Sénat apparaît alors comme une Chambre de tempérance parlementaire.

B- Tempérance parlementaire en périodes de crises

Les crises concernées ici sont principalement celles pouvant opposer l'exécutif au législatif, qui culminent assez souvent sous forme de dissolution de l'Assemblée Nationale, de renversement de Gouvernement ou de destitution du Président de la République. Il s'agit donc, essentiellement, de crises liées au bon fonctionnement de la démocratie. Dans ces

[55] Article 63 de la Constitution.

[56] In La Dépêche du 18 janvier 1889, cité par Jean-Pierre BEL, Colloque suscité.

[57] MOREL B., « Le Sénat et sa légitimité. L'institution interprète de son rôle Constitution nel », Dalloz, 2018, p. 83.

hypothèses, le Sénat pourrait intervenir pour modérer les joutes, notamment lorsque l'abrègement ou la prorogation du mandat des députés est en jeu, ou la destitution du Président de la République envisagée.

Le pouvoir de dissolution est l'un des outils dont dispose le Président de la République pour prévenir ou résoudre une crise politique ou un blocage institutionnel. C'est un pouvoir d'arbitrage. Il entre directement dans le cadre de l'article 5 de la Constitution, qui stipule que le président de la République « … assure, par son arbitrage, le fonctionnement régulier des pouvoirs publics… ».

La possibilité de dissolution, et son corollaire, la prorogation du mandat, sont prévus à l'article 15(4) (nouveau) de la Constitution en ces termes : « en cas de crise grave ou lorsque les circonstances l'exigent, le Président de la République peut, après consultation du Président du Conseil Constitutionnel et des bureaux de l'Assemblée Nationale et du Sénat, demander à l'Assemblée Nationale de décider, par une loi, de proroger ou d'abréger son mandat. Dans ce cas, l'élection d'une nouvelle Assemblée a lieu quarante (40) jours au moins et cent vingt (120) jours au plus après l'expiration du délai de prorogation ou d'abrègement de mandat ».

À bien y voir, il s'agit d'un pouvoir partagé entre le Président de la République qui dispose à titre exclusif du pouvoir d'initiative et l'Assemblée Nationale elle-même qui décide en fin de compte de la dissolution par une loi. La démarche présidentielle sera d'autant plus efficace qu'il dispose d'une majorité suffisante au sein de la Chambre. Il s'agit d'un mécanisme original et plus contraignant, qui se distingue du régime en cours ailleurs[58], en France

[58] Dans le système sud-africain, l'article 50 de la Constitution prévoit que le Président doit procéder à la dissolution si l'Assemblée a adopté une résolution dans ce sens avec un vote majoritaire ou si trois ans se

notamment. En effet, l'article 12 de la Constitution française dispose que : « *Le Président de la République peut, après consultation du Premier Ministre et des Présidents des Assemblées, prononcer la dissolution de l'Assemblée nationale. Les élections générales ont lieu vingt jours au moins et quarante jours au plus après la dissolution...* ». Le pouvoir de dissolution apparaît assez discrétionnaire en France, et peut se révéler brutal et dommageable pour la démocratie[59].

Le texte constitutionnel ne donne pas de détails sur les notions de crise grave ou de circonstances de nature à justifier la dissolution de l'assemblée ou la prorogation du mandat des députés. Cette réserve du constituant donne de la flexibilité à la pratique politique sur les cas de figure : recherche de majorité stable et disciplinée, renouvellement de la confiance populaire, les contraintes sécuritaires ou budgétaires, etc.

Par ailleurs, le Sénat n'intervient qu'à titre consultatif, en émettant un avis obligatoire qui ne lie cependant pas le Président de la République[60], mais qui pourrait exercer une influence politique, dissuasive ou persuasive. On eût pu, cependant, associer la seconde Chambre au vote de la loi

---

sont écoulés depuis l'élection de l'Assemblée. En cas d'absence d'un Président, le Président intérimaire doit dissoudre l'Assemblée Nationale si le poste de Président est vacant et si l'Assemblée ne parvient pas à élire un nouveau Président dans un délai de 30 jours à compter du début de la période de vacances.

[59] Cette grande souplesse a occasionné une crise politique en France, au lendemain de la dissolution intervenue le 09 juin 2024. Après une consultation téléphonique, à la hussarde, des Présidents des assemblées parlementaires, le Président Emmanuel MACRON a procédé à une dissolution de l'Assemblée Nationale débouchant, au lendemain des législatives des 30 juin et 07 juillet 2024, sur une configuration sans majorité apte au Gouvernement au sein de la Chambre.

[60] ZO'O (F.I.), « l'article 15.4 », in ATANGANA AMOUGOU (J.L.), La constitution de la République du Cameroun, L'Harmattan, 2025, p. 517 s.

portant dissolution ou prorogation, ou simplement donner plus de relief à l'avis sénatorial en le rendant public ou conforme. Dans cette dernière hypothèse, le Président de la République ne pourrait alors initier une telle procédure qu'avec l'accord du Sénat.

La Haute Assemblée a par ailleurs vocation à intervenir dans les processus de mise en accusation du président de la République, dans les conditions précisées à l'article 53 de la Constitution. Ce texte dispose :

« (1) la Haute Cour de Justice est compétente pour juger les actes accomplis dans l'exercice de leurs fonctions par :

- Le Président de la République en cas de haute trahison ;
- Le Premier Ministre, les autres membres du Gouvernement et assimilés, les hauts responsables de l'administration ayant reçu une délégation de pouvoirs en application des articles 10 et 12 ci-dessus, en cas de complot contre la sûreté de l'État.

(2) Le Président de la République ne peut être mis en accusation que par l'Assemblée Nationale et le Sénat statuant par un vote identique au scrutin public et à la majorité des quatre cinquièmes des membres les composant ».

La mise en accusation du Président de la République pour haute trahison est avant tout une procédure de nature pénale, aux sanctions conséquentes[61], mais emporte nécessairement des conséquences de nature politique, notamment la destitution, que le système anglo-saxon appelle impeachment. Cette mise en accusation est soumise à des exigences rigoureuses, liées à la nature de l'infraction et au régime de majorité requise pour son déclenchement.

---

[61] Les articles 102 et 103 du Code pénal punissent de mort tout citoyen coupable de trahison.

Le Président de la République n'est responsable des actes accomplis dans l'exercice de ses fonctions qu'en cas de haute trahison[62], infraction politique[63] aux contours diffus[64]. Il ne peut être mis en accusation que devant la Haute Cour de justice[65], par « l'Assemblée Nationale et le Sénat statuant par un vote identique au scrutin public et à la majorité des quatre cinquièmes des membres les composant ». Cette contrainte de majorité est plus sévère que celle requise pour la procédure et le prononcé de la destitution du Président de la République en France[66].

---

[62] En dehors de l'hypothèse de la haute trahison, les actes accomplis par le Président de la République dans le cadre de ses prérogatives Constitutionnelles sont couverts par l'immunité totale et ne saurait engager sa responsabilité ni pendant ni après son mandat (arg. art. 53 (3) de la Constitution).

[63] ANOUKAHA (F.), « Droit pénal et démocratie en Afrique noire francophone : l'expérience camerounaise », Juridis Info n° 22, 1995, p.82.

[64] SOW (O.), *La haute trahison*, EUE, 2018.

[65] Les actes constitutifs de complot contre la sûreté de l'État, accomplis dans l'exercice de leurs fonctions par le Premier Ministre, les autres membres du gouvernement et assimilés, les hauts responsables de l'administration ayant reçu délégation de pouvoirs, relèvent également de la compétence de la Haute Cour de Justice. L'ordonnance N° 72/7 du 26 Août 1972 portant Organisation de la Haute Cour de Justice, en application de l'article 34 de la Constitution du 02 Juin 1972, demande à être revue pour être conforme aux dispositions de l'article 53 (nouveau) de la loi n° 2008/001 du 14 avril2008 modifiant et complétant certaines dispositions de la loi n° 96/06 du 18 janvier 1996 portant révision de la Constitution du 2 juin 1972.

[66] Article 68 de la Constitution française : « le Président de la République ne peut être destitué qu'en cas de manquement à ses devoirs manifestement incompatible avec l'exercice de son mandat. La destitution est prononcée par le Parlement constitué en Haute Cour. La proposition de réunion de la Haute Cour adoptée par une des assemblées du Parlement est aussitôt transmise à l'autre qui se prononce dans les quinze jours.

La Haute Cour est présidée par le président de l'Assemblée Nationale. Elle statue dans un délai d'un mois, à bulletins secrets, sur la destitution. Sa décision est d'effet immédiat. Les décisions prises en application du

Dans tous les cas, le vote majoritaire aux quatre cinquièmes des sénateurs est nécessaire pour le déclenchement de la procédure de mise en accusation. On s'aperçoit ainsi que le Sénat pourrait être amené à jouer un rôle de pondération, voire de blocage dans la mise en œuvre des processus de destitution ou d'impeachment. En la matière, la première Chambre ne semble pas disposer du dernier mot.

Section 2- Bicamérisme et meilleure qualité de contrôle de l'exécutif

On a tendance à oublier que le Parlement est d'abord une assemblée de censeurs. Assurant une fonction de représentation, il a pour mission primordiale, plus importante peut-être que le vote des lois, de contrôler l'action du Gouvernement[67]. À travers les questions écrites ou orales, les interpellations[68] et les enquêtes, les débats et les discussions sur les orientations budgétaires, l'évaluation des politiques publiques[69], les parlementaires obligent les gouvernants à se justifier publiquement, à soumettre à la critique publique les raisons de leur politique. C'est grâce à ce pouvoir de contrôle que les Chambres parlementaires,

---

présent article le sont à la majorité des deux tiers des membres composant l'assemblée concernée ou la Haute Cour. Toute délégation de vote est interdite. Seuls sont recensés les votes favorables à la proposition de réunion de la Haute Cour ou à la destitution ».

[67] GICQUEL (J.), *Droit Constitutionnel et institutions politiques*, Montchrestien, neuvième édition,1987, p.35.

[68] L'interpellation est une demande solennelle portée en séance plénière par un groupe de parlementaires et adressée à un membre du Gouvernement. Elle ne semble pas prévue par le dispositif juridique camerounais. Dans ce sens, NGAYAP (P.F.), *Le droit parlementaire au Cameroun*, L'Harmattan, 2017, p. 186.

[69] Depuis une réforme du 27 juillet 2008, l'article 24 de la Constitution française reconnaît au Parlement la fonction d'évaluation des politiques publiques.

institutions de contre-pouvoir, se distinguent de l'administration qui n'est que l'antichambre du pouvoir… exécutif. Or, c'est connu, la pire des Chambres vaut mieux que la meilleure des antichambres.

Relativement au contrôle de l'exécutif, le bicamérisme répond à un enjeu crucial : renforcer la digue parlementaire face à un exécutif de plus en plus conquérant (Paragraphe1) et, partant, contenir les dérapages que pourrait générer le système majoritaire (Paragraphe 2).

Paragraphe 1- Renforcement de la digue parlementaire face à l'exécutif

Le régime politique camerounais s'inscrit dans la mouvance des régimes parlementaires, marqués par une volonté de séparation, de collaboration et d'équilibre des pouvoirs. Il s'agit cependant d'un équilibre dynamique traversé par la théorie du parlementarisme rationalisé et laissant nettement apparaître la figure d'un exécutif hégémonique (A). Malgré de nombreux éléments qui témoignent d'un présidentialiste ambiant, le système bicaméral permet de souligner davantage les traits parlementaires et d'atténuer les risques d'une confusion totale des pouvoirs (B).

A- Parlementarisme rationalisé et accroissement des pouvoirs de l'exécutif

Par vocation, le pouvoir législatif qui est le pouvoir de faire les lois se situe sur un plan supérieur aux autres pouvoirs que sont l'exécutif et le judiciaire, ceux-ci étant par nature dépourvus d'objets en l'absence de lois. On peut donc comprendre pourquoi, historiquement, les Parlements ont souvent été à l'avant-garde dans les arènes politiques, dérivant parfois sous forme de régimes d'assemblée. Ce constat est à l'origine de l'élaboration de concepts limitant l'expansion du pouvoir législatif à l'instar de l'idée d'un parlementarisme rationalisé.

Le « parlementarisme rationalisé » est une notion théorisée en 1928 par le constitutionnaliste russe Boris MIRKINE-GUETZEVITCH et réceptionnée dans la plupart des régimes parlementaires ou semi-parlementaires, voire semi-présidentiels. L'idée originelle est de codifier les rapports politiques entre le pouvoir exécutif et le pouvoir législatif, de manière à maîtriser le déploiement des assemblées parlementaires et éviter l'instabilité ministérielle. Ainsi, rééquilibrer les pouvoirs exécutif et législatif en limitant les propensions expansives des Parlements, garantir une plus grande stabilité des institutions[70].

Le système camerounais s'approprie la rationalisation du parlementarisme, en constitutionnalisant les « rapports entre le pouvoir exécutif et le pouvoir législatif »[71] et en adoptant un système électoral qui favorise l'émergence et le Gouvernement des majorités.

Les rapports entre le pouvoir exécutif, dualiste, et le pouvoir législatif se caractérisent par une présence hégémonique de l'exécutif, qui peut écourter ou rallonger les mandats des parlementaires, dispose du pouvoir d'initiative des lois et de la maîtrise de l'ordre du jour des assemblées. Le Parlement dispose d'une compétence d'attribution[72] et le Président de la République, Chef de l'exécutif, peut même « … soumettre au référendum tout projet de réforme qui, bien que relevant du domaine de la

---

[70] Dans une lettre adressée à sa mère le 23 décembre 1915 décrie l'excès de parlementarisme en ces termes : « le Parlement devient de plus en plus odieux et bête. Les ministres ont littéralement toutes leurs journées prises par les séances de la Chambre (…). Les ministres sont pris par les injonctions les plus saugrenues du premier marchand de vin (…) »

[71] Articles 25 à 36 de la Constitution

[72] Article 26 de la Constitution

loi, serait susceptible d'avoir des répercussions profondes sur l'avenir de la nation et les institutions nationales » [73]. Ces prérogatives sont certes partagées pour la plupart avec le Parlement et atténuées par les pouvoirs de vote et de contrôle accordés aux assemblées, mais demeurent largement tributaires de la réalité du fait majoritaire orchestré par le mode des élections.

Le régime électoral est également un outil redoutablement efficace pour favoriser le fait majoritaire et limiter les velléités des parlementaires. Le système camerounais consacre le scrutin uninominal majoritaire à un tour pour l'élection du Président de la République[74] et opte pour un régime mixte en ce qui concerne les élections législatives et les élections sénatoriales[75]. Ce mode mixte allie le scrutin uninominal majoritaire à un tour et le scrutin de liste majoritaire avec listes bloquées et une dose de proportionnelle pour celles des listes ayant obtenu au moins cinq pour cent des suffrages valablement exprimés[76].

Dans l'ensemble, le système de vote est à prédominance majoritaire, ce qui favorise la constitution des majorités au sein des Chambres parlementaires et, en conséquence, l'apparition des majorités propices à la gouvernance. Les majorités écrasantes qui émergent des urnes grâce à un mode de scrutin catalyseur donnent lieu à un phénomène de fait majoritaire, qui est souvent critiqué comme érodant le principe de séparation des pouvoirs entre l'exécutif et le

---

[73] Article 36 de la Constitution

[74] Article 116 de la loi n° 2012/001 du 19/04/2012 portant Code électoral modifiée et complétée par la loi n° 2012/017 du 21/12/2012

[75] Articles 151, 152 et 218 de la loi n° 2012/001 du 19/04/2012 portant Code électoral modifiée et complétée par la loi n° 2012/017 du 21/12/2012

[76] Articles 152 (4) et 218 (7) de la loi n° 2012/001 du 19/04/2012 portant Code électoral modifiée et complétée par la loi n° 2012/017 du 21/12/2012

législatif. Une majorité issue des urnes est toujours plus confortable pour le Gouvernement qu'une majorité construite au Parlement, plus raisonnée et plus instable. Le scrutin majoritaire se conjugue ainsi avec le parlementarisme rationalisé pour décupler la force d'emprise du pouvoir exécutif sur le pouvoir législatif, déjouer la balance des pouvoirs et mettre en danger l'harmonie institutionnelle de la démocratie représentative.

On en est parvenu à se demander si la rationalisation du parlementarisme n'a pas débouché sur un assujettissement du Parlement plutôt qu'à un rééquilibrage des pouvoirs. C'est ici, encore, que le bicamérisme doit jouer son plein effet. La seconde Chambre, épargnée de certaines contraintes du parlementarisme rationalisé, à l'instar du pouvoir de dissolution, ménagée quant aux exigences du fait majoritaire, apparaît ainsi comme une bouée de sauvetage pour la séparation des pouvoirs et la démocratie, comme frein à l'anéantissement progressif du pouvoir législatif.

B- Bicamérisme et renforcement du pouvoir législatif

Il peut paraître paradoxal de penser que la division du pouvoir législatif puisse contribuer à le renforcer puisque, traditionnellement, le dessein du bicaméralisme est d'établir deux assemblées qui se contrôlent et se surveillent, se neutralisent le cas échéant, s'affaiblissent en conséquence.

Cette interprétation doit être relativisée. Certes, la division du pouvoir législatif permet de conjurer la tyrannie d'une Chambre qui serait tentée d'édicter les lois illimitées et les exécuter, mais le bicamérisme peut produire un effet de fortification du travail parlementaire dans le système représentatif, en annihilant notamment les effets indésirables du fait majoritaire. Il faudrait en effet se rappeler que la vocation de la seconde Chambre d'un Parlement bicaméral est de s'affranchir des servitudes de la gouvernance majoritaire en privilégiant les valeurs de la démocratie, en élevant les exigences liées à la protection des minorités sociales, politiques et parlementaires au-dessus des considérations purement partisanes.

Ainsi, par le dédoublement de l'action parlementaire, le bicamérisme contribue au renforcement de la fonction de contrôle. À la différence de l'Assemblée Nationale, qui fonctionne en symbiose avec le Gouvernement, le Sénat semble destiné à construire son rôle institutionnel sur la base de sa composition politique, mais aussi des idées et des évolutions culturelles et sociales. Au cénacle des sages, les majorités devraient s'élaborer par texte et contexte.

Au demeurant, en ajoutant cent sénateurs[77] à cent quatre-vingts députés[78], le constituant camerounais a élargi l'assiette des parlementaires impliqués dans le contrôle de l'activité Gouvernementale. Ce facteur nombre est un atout important dans l'accomplissement de cette mission. Ceci est d'autant plus vrai que la seconde chambre est composée de dignitaires et de notables provenant parfois d'horizons politiques non déclarés. Les schémas de collusion, dans ce contexte, apparaissent davantage complexes, encore plus

---

[77] Aux termes de l'article 20 (2) de la Constitution, chacune des dix régions du pays est représentée par dix sénateurs, soit un total de 100 sénateurs pour l'ensemble du pays.

[78] Article 15 (1) de la Constitution : « L'Assemblée Nationale est composée de cent quatre-vingts députés élus au suffrage universel direct et secret… ».

que le critère d'âge[79] laisse penser que les sénateurs sont de maturité avérée et offre ainsi un gage certain de sagesse[80].

En France, par exemple, le Sénat s'est souvent trouvé dans l'opposition ou l'adversité, même lorsque le Gouvernement disposait de la majorité sénatoriale à l'Assemblée Nationale. C'est ainsi que Gaston MONNERVILLE, Président du Sénat, se leva à plusieurs reprises contre des projets de l'exécutif, portés par le Général de Gaulle, majoritaire au Parlement : En 1962, contre la décision de soumettre au référendum un projet de loi relatif à l'élection du Président de la République au suffrage universel, et en 1968, contre le projet de fusion du Sénat avec le Conseil Économique pour en faire le Conseil économique et social, organe purement consultatif. En 1981, le Sénat de droite se rallia au Président François Mitterrand, homme de gauche, pour voter l'abrogation de la peine de mort. Plus récemment, en 2016, le Sénat s'est opposé au vote de la déchéance de nationalité pour les Français condamnés pour crime, proposé par le Président François HOLLANDE.

C'est grâce à cette indépendance d'esprit que le Sénat pourra défendre les libertés publiques, les droits fondamentaux, les valeurs traditionnelles, promouvoir la décentralisation ou, plus globalement, défendre la démocratie et l'État de droit. Ce positionnement est

---

[79] Article 20 (3) de la Constitution : « les candidats à la fonction de Sénateur ainsi que les personnalités nommées à ladite fonction par le Président de la République doivent avoir quarante (40) ans révolus à la date de l'élection ou de la nomination ». En revanche, l'âge minimum pour l'élection à l'Assemblée Nationale est de 21 ans.

[80] Entendu que tous les sénateurs sont vieux et sages. À ce sujet, lire, MOREL (B.), « Le Sénat et sa légitimité. L'institution interprète de son rôle Constitutionnel », Dalloz, 2018, p. 97. Benjamin Morel rappelle que le mot Sénat vient de senatus, dérivé du latin senex qui signifie « vieux » ou « vieillard ».

cependant tributaire de la structuration du bicamérisme institué. Le Sénat ne pourrait valablement contenir les abus de la majorité au pouvoir et conjurer les velléités de la première Chambre que s'il dispose de prérogatives assez robustes pour y parvenir. En s'illustrant ainsi comme Chambre de réflexion et de raison, agent de sauvegarde des valeurs coutumières et catalyseur des évolutions sociales, la Haute Assemblée justifierait le bien-fondé du bicamérisme comme vecteur de dynamisme institutionnel. Ce faisant, il veillera à la séparation et à l'équilibre des pouvoirs, en préservant les prérogatives du Parlement.

Paragraphe 2- Rempart contre les abus du système majoritaire

Le système majoritaire dont il est fait allusion ici est la résultante d'un régime électoral dominé par le scrutin majoritaire qui débouche sur un mode de fonctionnement institutionnel bipolarisé, entre bloc majoritaire et minorité. La majorité nécessaire pour gouverner est celle de l'Assemblée Nationale, qui pourrait se consolider avec une majorité sénatoriale pour former un bastion parlementaire majoritaire (A). Pour autant, la mission essentielle de la seconde Chambre serait moins d'exalter la structuration majoritaire que de veiller à la préservation de l'identité parlementaire, organe de contre-pouvoir à l'exécutif, ou apparaître, le cas échéant, comme un contre-pouvoir au bloc majoritaire (B).

A- Le Sénat dans le sillage de la logique majoritaire

La constitution camerounaise est construite autour d'une logique de gouvernance majoritaire, puisque le Président de la République définit une politique que le Gouvernement applique en s'appuyant nécessairement sur une majorité parlementaire[81]. Dans ce contexte, l'apparition d'un régime de cohabitation[82] déboucherait sur une crise et, très probablement, un blocage : le Gouvernement serait appelé à appliquer une politique définie par un Président de la République de tendance opposée. À défaut, le Président de la République engagerait un Gouvernement de son bord politique qui essaierait de mettre en œuvre une ligne politique rejetée par la majorité parlementaire. La vocation du système en place est donc d'évoluer sur une concordance de majorité entre le Gouvernement et le Parlement, spécialement l'Assemblée Nationale.

Le Sénat n'est pas épargné par le système majoritaire, qui génère une situation connue sous l'appellation de fait majoritaire[83] ou phénomène majoritaire. Le fait majoritaire « consiste pour le Gouvernement à disposer d'une majorité stable et fidèle »[84] sur laquelle il peut s'appuyer pour gouverner. Cc phénomène est nourri au Cameroun par deux

---

[81] Article 11 de la Constitution : « (1) le gouvernement est chargé de la mise en œuvre de la politique de la Nation telle que définie par le Président de la République (2) Il est responsable devant l'Assemblée Nationale… ».

[82] Selon NZINA NOAH, (J M) « Le fait majoritaire et la Constitution camerounaise du 18 janvier 1996 », in OLINGA (A.D.), (dir), *La réforme Constitutionnelle du 18 janvier 1996 au Cameroun, 25 ans après*, Afrédit, Yaoundé, 2021, note n° 4, « La Cohabitation peut s'entendre comme une situation de la vie politique dans laquelle un Président de la république est tenu de composer l'exécutif avec un Premier Ministre issu d'une tendance politique à lui opposée ».

[83] NZINA NOAH (J.M.), « Le fait majoritaire et la Constitution camerounaise du 18 janvier 1996 », in OLINGA (A.D.), (dir), *La réforme Constitutionnelle du 18 janvier 1996 au Cameroun, 25 ans après,* Afrédit, Yaoundé, 2021, p. 231s ; DENQUIN (J.-M.), « Constitution politique et fait majoritaire », in Jus Politicum, n° 24, mai 2020.

[84] KERLEO (J.F.), « Le fait majoritaire, chronique d'une mort annoncée ? », in Jus politicum, n° 18, Cours Constitutionnelles et révisions de la Constitution , juillet 2017, p.338.

constats patents : le fait partisan et la majorité constante d'un parti ultradominant sur la scène politique.

Le fait des partis, que l'on qualifie parfois de particratie ou partitocratie, est la manifestation de la capture et de l'exercice du pouvoir par les partis politiques. La partitocratie établit un régime oligarchique dans lequel, au moyen des principes de discipline et de hiérarchie, les dirigeants des partis politiques exercent le pouvoir au sein de l'État. Par ce jeu, la séparation des pouvoirs n'est plus garantie puisque le parti ou les groupes de partis majoritaires détiennent les différentes sphères du pouvoir ; cela porte également atteinte au suffrage universel, puisque les élus apparaissent finalement comme les représentants des partis et que les décisions politiques sont dictées par les chefs de partis qui ne sont pas désignés par cette voie. Tirant parti de la récusation du mandat impératif[85] par l'ordre juridique national, la partitocratie tend à dévoyer les avantages du système représentatif.

Le système représentatif camerounais assigne aux partis une fonction d'organisation des courants d'opinion afin que les citoyens puissent s'exprimer de manière structurée. À ce sujet, l'article 3 de la Constitution dispose que « … les partis et formations politiques concourent à l'expression du suffrage… ». Grâce aux partis politiques, le mécanisme de la représentation se construit convenablement et les intérêts de diverses catégories sociales peuvent se conglomérer. La mise en œuvre de cette orientation constitutionnelle a abouti à la mise sous influence partisane de la seconde Chambre parlementaire.

Depuis sa mise en place, en effet, le Sénat camerounais se retrouve sous influence d'un parti politique majoritaire au sein des deux assemblées qui composent le Parlement. Il

[85] Article 15 alinéa 3 de la Constitution : « tout mandat impératif est nul ».

s'agit, en l'occurrence, du Rassemblement Démocratique du Peuple Camerounais, en abrégé RDPC[86], dont est issu le Président de la République et qui dispose également de la majorité des conseillers municipaux et des conseillers régionaux dans le pays. Ces données justifient sans doute la grande stabilité ministérielle et politique. La seconde Chambre n'a donc pas expérimenté, depuis lors, un état de rupture idéologique avec la majorité gouvernante.

Dans la mouvance de la majorité à la première Chambre, l'assemblée sénatoriale a joué le jeu. Elle n'a pratiquement retoqué aucun texte adopté par la première Chambre ni même apporté des amendements au cours des différentes navettes. Tenus par l'investiture et le devoir de discipline sous-jacent, les sénateurs ont semblé obéir docilement aux consignes du parti. Le risque est connu : aliéner par la dépendance au parti l'autonomie que leur procure le mandat représentatif. Pourtant, la loyauté partisane ne devrait pas faire oublier que la vocation de la seconde Chambre est de jouer un rôle de contre-pouvoir au bloc majoritaire.

B- Le Sénat en contre-pouvoir au bloc majoritaire

Le système camerounais évolue sur un principe majoritaire de type parlementaire, c'est-à-dire la présence au sein de l'Assemblée Nationale d'une majorité de députés appartenant au même parti ou à la même coalition de partis qui soutient le Gouvernement de manière disciplinée. Ce mode de fonctionnement tend à dévoyer la conception du

---

[86] À l'issue des élections législatives des 09 février et 22 mars 2020, le RDPC obtient 152 sièges sur 180 ; ce même parti avait obtenu 148 sièges sur 180 à la suite de celle du 30 septembre 2013. Dès la mise en place du Sénat, en 2013, le RDPC constitua un groupe de 78 sénateurs sur 100 ; Au cours de la deuxième législature (2018-2023), ce parti disposait de 87 sénateurs sur 100. Cette majorité s'est accentuée pendant la troisième législature en cours, portée à 94 sénateurs sur 100.

modèle parlementaire, fondée sur la séparation des pouvoirs entre le pouvoir exécutif et le pouvoir législatif. Dans la pratique, le fait majoritaire génère parfois des abus. À ce point, on peut distinguer non pas le pouvoir exécutif du pouvoir législatif, mais plutôt le bloc majoritaire (le Gouvernement et sa majorité parlementaire) de la minorité parlementaire. Le jeu des pouvoirs tend à se cristalliser entre un « pôle majoritaire » ou « pôle législatif » et la minorité parlementaire, plutôt qu'entre le Parlement titulaire du pouvoir législatif et le Gouvernement exerçant le pouvoir exécutif.

En cas de majorité établie, le Professeur Gilbert KNAUB remarque que Gouvernement et Parlement se fondent en une « unité fonctionnelle », permettant à l'exécutif de disposer à sa guise d'un éventail normatif dont la loi fait partie au même titre que le règlement »[87]. La majorité parlementaire fait désormais bloc avec le Gouvernement[88]. À ce sujet, la doctrine distingue le fait majoritaire parfait de celui dit imparfait. Dans la première hypothèse, l'alignement majoritaire comprend le Président de la République, le Gouvernement et le Parlement : on est en présence d'une forme éclatante de majorité présidentielle[89]. Le fait majoritaire imparfait, quant à lui, renvoie à l'hypothèse d'une concordance de majorité entre le Gouvernement et le Parlement, ce que l'on appelle parfois « fait majoritaire primo-ministériel ».

---

[87] Cité par RUEDA (F.), *Le contrôle de l'activité du Pouvoir exécutif par le Juge Constitutionnel - Les exemples français, allemand et espagnol*, LGDJ, Paris, 2000, p. 4.

[88] BOYER (V.), « le Sénat, contre-pouvoir au bloc majoritaire ? », RFDC, 85, 1, 2011, p. 42

[89] Voir, à ce sujet, MOUGNOL à MOUGNOL (S), « Le Président de la République à l'épreuve du fait majoritaire », in ABANE ENGOLO (P.E.) et MARKUS (J.-P.), *La fonction présidentielle au Cameroun*, Paris, L'Harmattan, 2018.

Dans toutes les hypothèses de fait majoritaire, ce n'est plus le Parlement qui joue le rôle de contre-pouvoir, mais plutôt l'opposition parlementaire, minoritaire, qui s'y essaie tant bien que mal. Ce rapprochement se manifeste notamment par une discipline de vote, étant donné que le chef du Gouvernement vient de la majorité. En raison du fait majoritaire, le Gouvernement et le Parlement collaborent efficacement, par le biais d'un ensemble de moyens juridiques qui permettent à l'exécutif de mener à bien les réformes voulues, sans entrave parlementaire. Le fait majoritaire est donc de l'essence du parlementarisme et il est en cohérence avec les principes de la démocratie représentative[90] consacrée par la constitution.

Cette convergence entre le Gouvernement et la majorité parlementaire ne devrait pas empêcher l'assemblée d'exercer sa mission de veille et d'inspection. Certes, le contrôle ne signifie pas l'antagonisme, l'opposition systémique, voire la confrontation. Toutefois, il faut admettre que sa rigueur s'affaiblit à mesure que des liens se tissent entre parlementaires et gouvernants. Le contrôle pourrait finalement céder à la connivence ou à la collusion, du fait de la majorité parlementaire, connue sous l'appellation de phénomène majoritaire.

L'abus du système majoritaire rompt l'équilibre fondamental du régime parlementaire, qui vient de ce que chaque pouvoir dispose d'outils de mise en cause de l'existence de l'autre. Dans ce contexte, le Gouvernement et la majorité sont instrumentalisés puisque l'Assemblée ne craint plus la dissolution et le Gouvernement, en retour, ne redoute aucun renversement. Le phénomène majoritaire apparaît ainsi comme une anomalie de la démocratie,

---

[90] L'article 2 de la Constitution consacre un système de démocratie semi-représentative au Cameroun.

puisqu'il génère un abus de la majorité représentative, une dérive du système représentatif.

Tout en permettant au système majoritaire de fonctionner convenablement, le bicamérisme établit une seconde assemblée chargée de contrôler la première Chambre en même temps que le pouvoir exécutif, et donc de s'interposer en cas de collusion entre les deux institutions. À ce sujet, Charles PONCELET, alors président du Sénat, affirmait que la seconde Chambre devrait assurer le « *principe du contradictoire, en tant que contre-pouvoir au bloc majoritaire formé par le Gouvernement et l'Assemblée Nationale* »[91]. On s'aperçoit ainsi que la mission de contre-pouvoir est une vocation institutionnelle de la seconde Chambre parlementaire, indépendamment des circonstances politiques. Ce positionnement du Sénat camerounais permettrait à l'institution d'œuvrer au perfectionnement du système, éviter une dégénérescence du système représentatif vers un absolutisme de la majorité qui en viendrait à caporaliser la démocratie et instituer une dictature des partis.

[91] PONCELET (Ch.), *Forum des Sénats du Monde*, 14 mars 2000.

Chapitre 2

Bicamérisme et distribution inégalitaire des prérogatives parlementaires

Le statut organique des Chambres ou le mode fonctionnel du Parlement peuvent révéler un bicamérisme égalitaire ou inégalitaire. La structure organique permet de distinguer la Chambre aristocratique de la Chambre populaire, mais le système de répartition des prérogatives fait en sorte qu'une Chambre se révèle plus puissante parce qu'elle détient davantage de pouvoirs. Cependant, l'appréciation par le critère fonctionnel suppose préalablement que les Chambres soient dotées de pouvoirs semblables, car le caractère égalitaire ou inégalitaire se conçoit mal en présence d'un bicamérisme spécialisé.

Il y a notamment spécialisation lorsque chacune des assemblées exerce à titre exclusif la prérogative qui lui est attribuée. Il en sera ainsi lorsqu'une Chambre exerce seule la fonction législative pendant qu'une autre se voit confiée la fonction de contrôle, ou, le cas échéant, élective[92]. Dans ce contexte, la comparaison devient difficile à établir puisque les chambres ne collaborent pas ou, en tout cas, ne travaillent pas ensemble[93].

---

[92] Dans le bicamérisme Irlandais, la chambre haute est à destination économique et social.

[93] J. BOUDON, « Bicamérisme ou bicamérismes ? Essai de typologie des Parlements bicaméraux », Historia et ius, n° 10, 2016, p. 5.

Le bicamérisme originel, anglais[94], est la conséquence de l'existence d'une société de classes. La division du Parlement en deux Chambres, Chambre des communes et Chambre des Lords, est alors dictée par la nécessité de distinguer les catégories sociales, séparer le peuple de la noblesse et du clergé. À ce jour, la seconde Chambre britannique demeure une Chambre aristocratique, rémanence d'un royaume héréditaire et de privilèges[95]. Le bicamérisme français, aussi, est d'essence aristocratique, construite pendant la Révolution de 1789-1799, et qui a vacillé en s'accommodant avec des avatars divers aux Monarchies, Empires[96] et Républiques[97] qui se sont relayés. Au cours de l'histoire, les membres de la seconde Chambre parlementaire en France sont choisis sur la base des clivages sociaux[98]: naissance, clergé, bourgeoisie, âge, savoir, etc.

---

[94] MASTIAS (J.), GRANGE (J.) (dir.), *Les secondes chambres du Parlement en Europe occidentale*, 1987, Economica.

[95] La Chambre des Lords a été réformée sur ce point en 1999, notamment sur la pairie héréditaire. Les anciens pairs héréditaires élisent désormais 90 d'entre eux pour siéger à la Chambre des Lords à vie, tandis que les autres sont nommés par la Reine sur proposition du Premier Ministre.

[96] Premier Empire établi par Napoléon Bonaparte (1804-1814), Restauration des Bourbons avec Louis XVIII (1814-1824) et Charles X (1824-1830), La monarchie de Juillet avec les Orléanistes dont Louis-Philippe Ier (1830-1848) et le Second Empire institué par Napoléon III (1852-1870).

[97] La France a connu cinq Républiques à ce jour : 1re République (1792-1804), IIe République (1848-1852), IIIe République (1870-1940), IVe République (1945-1958), Vème République (depuis 1958). Le bicamérisme apparaît avec la mise en place du Directoire, deuxième forme de gouvernement au cours de la première République, à la fin de la Convention. Pendant la deuxième République, l'Assemblée Nationale législative, suivie de l'Assemblée Nationale constituante, seront monocamérales.

[98] Dans son célèbre ouvrage, *De l'esprit des lois*, Charles Louis de Secondat, baron de La Brède et de Montesquieu justifia le bicamérisme en expliquant qu'il existe toujours dans un État des personnes qui se

Le bicamérisme se révèle ainsi de racine nobiliaire, réservé à une aristocratie de naissance, de fortune ou de cooptation. La Chambre aristocratique ou élitiste est alors qualifiée de Chambre haute devant la chambre populaire désignée Chambre basse, ce qui induit, corrélativement, une sorte de préséance entre ces Chambres[99]. Les évolutions sociopolitiques actuelles ont abouti à un nouveau modèle de bicamérisme structuré autour de la forme des États et, en tout, échappant à l'idée de ségrégation aristocratique ou élitiste d'origine. On peut alors distinguer le bicamérisme des États composés de celui en cours dans les États simples.

Dans les États fédéraux, en effet, il y a rencontre de plusieurs États fédérés qui constituent des sphères politiques autonomes à l'intérieur de la fédération. Les secondes Chambres sont alors chargées de représenter ces différentes composantes de la fédération et leurs membres garantissent l'identité des États fédérés au sein de la structure fédérale[100]. Il en est par exemple, des sénateurs de chaque État aux États-Unis d'Amérique, des conseillers représentant les cantons suisses au Conseil des États ou des représentants des landërs au sein du Bundesrat allemand.

Dans l'État unitaire, le recours à la représentation territoriale est davantage difficile à justifier, car le périmètre étatique n'admet qu'un seul souverain politique.

---

distinguent par la naissance, les richesses ou les honneurs et qui ne doivent pas se mélanger au bas peuple, qu'il convient dès lors, par la double représentation, de leur offrir une chambre spécifique.

[99] LAVROFF (D.G.), *Le droit Constitutionnel de la Vème République*, Paris, Dalloz, 1997, p. 502.

[100] En 1958, l'idée du Général de Gaulle traduite dans les avant-projets de Constitution était de créer un Sénat qui « assure la représentation des collectivités territoriales de la République et celle des territoires qui font partie de la fédération », à la fois seconde chambre législative et Sénat fédéral : l'ambition gaulliste était alors d'organiser en fédération les territoires rattachés à la France.

La représentation territoriale ne sera qu'un tremplin imparfait pour parvenir à la double représentation parlementaire. Dès lors, le bicamérisme aura une vocation inégalitaire en cas de légitimité et de représentativité différenciées des deux Chambres[101]. La source du pouvoir, passée au crible des exigences démocratiques, devient un critère fondamental pour la classification structurelle des Chambres parlementaires.

D'un point de vue organique, le bicamérisme camerounais se révèle de nature ambivalente, voire ambiguë, en refusant de s'intégrer complètement dans l'un des modèles qui l'ont inspiré, anglais ou français. Le Cameroun apporte un modèle de bicamérisme qui féconde le recours à la territorialité[102] avec une légère influence nobiliaire. Selon son vœu, le constituant camerounais établit deux assemblées parlementaires de plein exercice. Les deux Chambres parlementaires, l'Assemblée Nationale et le Sénat concourent au vote de la loi et au contrôle de l'action du Gouvernement, missions fondamentales du Parlement[103]. Elles représentent la nation entière[104], bien que la seconde Chambre soit marquée d'une indication particulière en ce qu'il « *représente les Collectivités Territoriales Décentralisées* ».

Cependant, les deux Chambres ne se trouvent pas sur un même pied d'égalité, du point de vue de la légitimité

---

[101] DEROSIER, (J.-P.), « Le bicamérisme : un défi et un enjeu démocratique », LPA, 2015, n° 45, p. 7.

[102] L'article premier, alinéa 2 de la Constitution dispose : « La République du Cameroun est un État unitaire décentralisé ».

[103] Article 14 (1)(2) de la Constitution : « le pouvoir législatif est exercé par deux (2) chambres : l'Assemblée Nationale et le Sénat. Le parlement légifère et contrôle l'action du Gouvernement ». La doctrine y ajoute parfois la mission de représentation, voire l'évaluation des politiques publiques.

[104] LE YONCOURT (T.), « Le Sénat républicain représentant des collectivités territoriales », Pouvoirs, vol. 4, n° 159, 2016, pp. 27 et s.

démocratique et au regard des modalités d'exercice de leurs missions constitutionnelles.

Les députés sont élus au suffrage universel direct dans le cadre des circonscriptions départementales. Les sénateurs, quant à eux, sont en partie élus au suffrage universel indirect et nommés pour une autre frange, dans le cadre des circonscriptions régionales. Il apparaît clairement qu'en rapport avec leur mode de désignation, le mandat sénatorial souffre d'un déficit de légitimité qui pourrait être une piste d'explication au système de répartition de compétences défini par le constituant, tant pour ce qui concerne la procédure législative qu'au regard des pouvoirs de contrôle de l'action du Gouvernement.

Dans le processus d'élaboration de la loi, les deux chambres disposent du pouvoir d'initiative législative,[105] mais le système en place reconnaît à l'Assemblée Nationale, en toutes circonstances, le premier et le dernier mot. En effet, bien qu'il soit prévu que « les projets et propositions de lois sont déposés à la fois sur le bureau de l'Assemblée Nationale et du Sénat »[106], l'article 30 indique que le Président du Sénat ne soumet à la délibération de la Chambre haute que les textes adoptés par l'Assemblée Nationale : c'est le premier mot. En cas de désaccord entre les deux Chambres sur une mouture du texte soumis au Parlement, le Président de la République peut demander à

---

[105] Article 25 de la Constitution : « l'initiative des lois appartient concurremment au Président de la République et aux membres du Parlement ». L'initiative législative n'est pas reconnue à la deuxième Chambre dans de nombreux pays tels que l'Algérie, le Botswana, l'Égypte, le Lesotho, le Rwanda, et même un dans un État fédéral comme l'Éthiopie ; voir, à ce sujet, EKO'O AKOUAFANE, (J. C.) tableau récapitulatif des pouvoirs législatifs de quelques secondes Chambres en Afrique, in *Le Sénat au Cameroun et en Afrique*, L'Harmattan, 2011, p. 80.

[106] Article 29 de la Constitution.

l'Assemblée Nationale de statuer définitivement sur le texte : c'est le dernier mot, prévu à l'article 30, in fine, de la Constitution.

Il en résulte que le Sénat camerounais, dans le cadre de la procédure législative, ne dispose pas d'un véritable pouvoir de blocage, un réel véto pouvant paralyser définitivement un texte voté par l'Assemblée Nationale. Certes, le mécanisme de la navette institue un dialogue constructif et un heureux débat contradictoire entre les deux Chambres, mais la seconde Chambre semble confinée à un rôle de proposition, à émettre des sortes d'avis sous forme d'amendements ou à ralentir le cas échéant l'adoption des textes votés par l'Assemblée Nationale. La navette recèle un aspect de la répartition inégalitaire des pouvoirs entre les deux chambres : le Sénat semble configuré pour freiner, le cas échéant, les velléités de la Chambre basse, tout en étant moins puissant[107].

Ce déséquilibre est davantage prononcé, relativement à la fonction de contrôle du Gouvernement par le Parlement. En la matière, le Sénat partage avec l'Assemblée Nationale le droit d'interroger les membres du Gouvernement par voie de questions orales ou écrites ainsi que la possibilité de constituer des commissions d'enquête sur des objets déterminés[108].

Le contrôle de l'action du Gouvernement est donc, en principe, une prérogative partagée entre la Chambre haute et la Chambre basse, qui l'exercent concurremment. Cependant, le contrôle politique avec pouvoir de sanction est davantage un domaine réservé de la Chambre basse. Cette différenciation rend une fois de plus compte du caractère inégalitaire du bicamérisme camerounais. Certes, aucun bicamérisme au monde n'apparaît véritablement

---

[107] FERRETTI (R.), « Le bicamérisme de la Ve République », LPA, n° 261, 1999, p. 10.
[108] Article 35 de la Constitution.

égalitaire,[109] car, si tel devait être le cas, l'une des Chambres ne serait que la reproduction de l'autre et cela reviendrait à ne désigner qu'un seul organe, puis la scinder en deux[110]. Dans tous les cas, le système en place au Cameroun se révèle nettement déséquilibré. Il présente un déséquilibre ostensible entre les deux assemblées : une primauté fonctionnelle de la première Chambre, issue du suffrage universel direct, aussi bien dans le régime de la coproduction législative (section 1) qu'au regard des mécanismes de contrôle politique du Gouvernement (Section 2).

Section 1– Déséquilibre dans le déroulement de la procédure législative

Il faudrait rappeler que s'agissant de la procédure législative, les deux Chambres du Parlement camerounais disposent de pouvoirs semblables : initiative et vote des lois. Le constituant a prévu que l'initiative des lois appartient concurremment au Président de la République et

[109] Le droit comparé offre des hypothèses où le rapprochement de légitimité et l'équilibre des pouvoirs donne à penser que l'on puisse parler de bicamérisme égalitaire, les deux Chambres étant dotées, « à quelques exceptions près », de semblables pouvoirs. Il en est ainsi, par exemple, du système italien malgré les récentes modifications : le partage des compétences mettait le « *Senato* » sur un pied d'égalité que la « Camera *dei deputati* »[109] : aucune loi ne pouvait être votée sans son accord, le vote de la motion de censure ne débouchait pas obligatoirement sur la démission du Gouvernement, et les sénateurs disposaient de la même fonction élective que les députés[109]. Malgré des nuances dans leurs fonctions respectives de représentation, chacune des assemblées parlementaires italiennes disposaient d'une « possibilité de freiner avec très peu, voire aucune réserve »[109]

[110] DEROSIER (J-P), « Le bicamérisme : un défi et un enjeu démocratique », LPA, 2015, n° 45, p. 7. ; « histoire du bicamérisme français et éléments de droit comparé », intervention au colloque organisé le 17 avril 2014 par le Groupe d'Études sur la Vie et les Institutions parlementaires (GEVIPAR) sur le thème : « le bicamérisme à la française : un enjeu démocratique », p.33.

aux membres du Parlement[111]. Il en découle que ni le Gouvernement ni aucune autre institution, organisation ou citoyen, ne dispose de l'initiative de la loi. Lorsque les membres du Parlement prennent l'initiative de la loi, on parle de proposition de loi ; si le texte initié est transmis au Parlement par le Président de la République, on parle de projet de loi.

La saisine des Chambres du Parlement enclenche la procédure législative, laquelle reconnaît un droit de priorité à la première Chambre, aussi bien pour ce qui est de l'examen que de l'adoption des textes (Paragraphe1). Ce droit de priorité n'est pas une simple préséance, mais une véritable primauté qui ne permet des tempéraments que dans des hypothèses particulières, notamment la procédure d'amendement constitutionnel et la procédure d'adoption des lois portant règlement intérieur des assemblées (Paragraphe 2). Dans tous les cas, cette dynamique de la première Chambre peut se prolonger par un pouvoir de promulgation en cas de carence du Président de la République[112].

Paragraphe 1- La priorité à l'Assemblée Nationale dans les processus législatifs

Les projets et propositions de loi sont déposés à la fois sur le bureau de l'Assemblée Nationale et sur celui du Sénat[113]. Il s'agit des projets du Président de la République et des propositions venant des parlementaires. Le constituant ne distingue pas suivant l'identité des parlementaires qui sont à l'origine de la proposition, qu'il s'agisse des sénateurs ou des députés. Immédiatement après ce dépôt, l'Assemblée Nationale procède en premier à

[111] Article 25 de la Constitution.
[112] Article 31 (2) de la Constitution.
[113] Article 29 de la Constitution.

l'examen et, le cas échéant, à l'adoption du texte qui est alors soumis au vote du Sénat. Il en est ainsi en cas d'accord entre les deux Chambres (A) ou en cas de désaccord ayant abouti à la mise en place de la commission mixte paritaire (B).

A- Le premier mot dans la conduite de la procédure ordinaire

Influencée par la structure bicamérale du pouvoir législatif, la procédure législative normale se déroule en plusieurs étapes reliées par le mécanisme de la navette : une première démarche au niveau de l'Assemblée Nationale, suivi d'un processus similaire au niveau du Sénat, puis, le cas échéant, une autre étape devant la première Chambre, qui réexamine les amendements apportés au texte par la deuxième assemblée.

Au niveau de l'Assemblée nationale, la lecture du texte commence après que la Conférence des Présidents l'a examiné, déclaré recevable et confié à une commission permanente. Le texte étudié en commission fait ensuite l'objet d'un passage en séance publique où il est soumis au vote de la chambre entière. Le texte adopté avec ou sans amendements est transmis au Sénat, conformément à l'article 30 de la Constitution, pour la délibération de la Chambre haute : l'Assemblée Nationale dispose du premier mot qui lui permet de façonner, en première lecture, la « petite loi »[114] transmise pour deuxième lecture au Sénat.

Dans la pratique parlementaire camerounaise, le projet ou la proposition de texte est dans un premier temps communiqué aux sénateurs dans sa version initiale, telle que transmise par le Président de la République ou les parlementaires. Cependant, seuls les textes adoptés par

---

114 Terme technique qui désigne le texte adopté par l'Assemblée Nationale et transmis au Sénat pour deuxième lecture.

l'Assemblée Nationale font l'objet d'un passage en Commissions et sont soumis au vote de la Chambre réunie en séance plénière. Le Sénat peut rejeter tout ou partie du texte, ou l'adopter avec ou sans amendements.

Le texte rejeté, ou adopté avec ou sans amendements, est retourné à l'Assemblée Nationale : le texte voté par la seconde Chambre dans la version identique[115] est transmis au Président de la République aux fins de promulgation par le Président de l'Assemblée Nationale. Le texte amendé ou rejeté fait l'objet d'un nouvel examen par la première Chambre en vue de son adoption à la majorité simple ou absolue, selon les cas[116].

Le texte adopté définitivement par l'Assemblée Nationale, qu'il adopte ou rejette les amendements proposés par le Sénat, est transmis au Président de la République pour promulgation[117]. Les amendements formulés par la seconde Chambre se révèlent ainsi comme de simples avis qui ne lient aucunement l'Assemblée Nationale et ne sauraient constituer un véto à la mise en vigueur de la loi.

Il en va autrement lorsque la Chambre haute a rejeté tout ou partie du texte. Dans ce cas, le texte en cause, accompagné de l'exposé des motifs, est retourné à la Chambre basse qui peut l'adopter, à la majorité absolue, ou pas. Le texte adopté est transmis au Président de la République pour promulgation ; faute de majorité absolue, le texte est réputé retoqué. Il restera lettre morte et ne deviendra pas loi, à moins qu'une procédure de conciliation

---

115 Les corrections d'erreurs matérielles, sans effet sur la substance des textes, ne sont pas considérées comme modificatives pouvant justifier un nouvel examen par la Chambre basse

116 Article 30 (3) (b)(c) de la Constitution.

117 Normalement, le Président du Sénat devrait être avisé de cette transmission.

provoquée par le Président de la République, par le moyen d'une réunion de la commission mixte paritaire, aboutisse à un texte de compromis adopté par les deux Chambres.

B- Le dernier mot à l'issue d'une réunion de la commission mixte paritaire

En cas de désaccord persistant entre les deux assemblées, notamment lorsque l'Assemblée Nationale n'a pu adopter, à la majorité absolue, un projet ou une proposition de loi rejeté par le Sénat, le Président de la République a la possibilité d'ouvrir une procédure de conciliation en provoquant la réunion d'une commission mixte paritaire[118]. Cette commission est chargée de proposer un texte commun sur les dispositions rejetées par le Sénat, lequel texte est soumis pour approbation aux deux Chambres.

En cas d'échec de cette procédure de conciliation, soit que la commission ne parvienne pas à élaborer un texte, soit que le texte élaboré, insusceptible d'amendement, ait été repoussé par l'une des deux assemblées, le Président de la République dispose d'une option : il peut déclarer caduc le projet ou la proposition de loi ; il peut demander à l'Assemblée Nationale de statuer définitivement.

La procédure conduisant au « dernier mot » par l'Assemblée Nationale met en relief le caractère inégalitaire du bicamérisme camerounais. Par ce mécanisme, le constituant réaffirme qu'en tout état de cause, la Chambre des députés dispose de la décision finale.

---

[118] Article 30 (3) (c)(2) de la Constitution. Dans le contexte camerounais, seul le Président de la République peut initier la mise en place d'une commission mixte paritaire. Dans certains systèmes, cette possibilité est ouverte aux Présidents des assemblées parlementaires, notamment lorsque le texte objet du désaccord est une proposition de loi.

Dans tous les cas, la procédure du dernier mot comporte trois étapes obligatoires, depuis la production d'un texte commun par la commission mixte paritaire : la nouvelle lecture par l'Assemblée Nationale, le nouveau passage au Sénat et, enfin, la lecture définitive par la première Chambre. Le texte de compromis est adopté par vote en termes identiques par les deux assemblées suivant le mécanisme de la navette. Cette procédure oblige au passage du texte produit par la commission mixte paritaire devant les deux assemblées, quand bien même l'Assemblée Nationale ne l'aurait pas adopté en première lecture. Ainsi, le projet de loi rejeté en première lecture par l'Assemblée Nationale sera examiné par le Sénat. Ce dernier pourrait, à son tour, le rejeter ou l'adopter, et le retourner à la Chambre basse. Dans ce dernier cas, l'Assemblée Nationale, mobilisant son droit au dernier passage, pourrait adopter à son tour le texte en cause, qui serait alors soumis à promulgation.

Cette contrainte du double examen, en tout état de cause, apporte une nuance à la procédure législative ordinaire au cours de laquelle seuls « les textes adoptés par l'Assemblée Nationale » sont transmis au Sénat[119]. Cet aménagement rapproche la procédure « en cas de rejet », de celles plus spécifiques réservées à l'élaboration des lois d'incidence constitutionnelle ou portant règlement intérieur des assemblées qui constituent des hypothèses de bicamérisme relativement égalitaire.

Paragraphe 2- La spécificité des procédures législatives sans droit de priorité

Il faudrait se rappeler que les deux assemblées qui composent le Parlement camerounais disposent, en

[119] Article 30 de la Constitution.

principe, de pouvoirs législatifs identiques. Ce principe de partage postule que tout projet ou proposition de loi doit être soumis à la lecture de l'une et de l'autre Chambre et deviendra loi que s'il est adopté dans les termes identiques. À défaut, le texte devient caduc, sauf si le Président de la République demande à l'Assemblée Nationale d'y statuer définitivement.

Ce mécanisme de construction de la loi connaît cependant des aménagements, soit que le constituant n'accorde pas de possibilité de dernier mot à l'une des Chambres, soit que chacune des Chambres dispose du pouvoir d'élaborer certaines lois sans le concours de l'autre assemblée. La première hypothèse renvoie à la procédure d'adoption des lois de révision constitutionnelle (A) alors que la seconde concerne davantage l'élaboration des règles de fonctionnement de chacune des Chambres (B).

A- La révision constitutionnelle par le congrès du Parlement

En tant que norme fondamentale de l'État, la constitution doit être stable tout en s'adaptant aux évolutions politiques, économiques et sociales. La procédure de révision de la Constitution a été élaborée sur la base de ce dilemme et le constituant l'a rendue plus complexe que celle utilisée pour élaborer les lois ordinaires. Elle se fait au moyen des lois constitutionnelles ou des lois référendaires. Dans ce sens, l'article 63 de la Constitution dispose : « (1) l'initiative de la révision de la Constitution appartient concurremment au Président de la République et au Parlement… (4) Le Président de la République peut décider de soumettre tout projet ou toute proposition de révision de la Constitution au référendum… »

La Constitution encadre strictement la procédure d'élaboration des lois constitutionnelles, de son initiative à l'adoption définitive. L'initiative de la révision appartient soit au Président de la République, soit à un tiers au moins des membres de l'une ou l'autre Chambre du Parlement. Cependant, « le Parlement se réunit en congrès, lorsqu'il est appelé à se prononcer sur un projet ou une proposition de révision de la Constitution. Le texte est adopté à la majorité absolue des membres le composant ».

L'examen de tout texte tendant à une révision constitutionnelle se fait donc dans le cadre d'un congrès du Parlement[120]. Il est significatif que « *Le Président de l'Assemblée Nationale préside les travaux du Congrès. Il assure la police des délibérations* ... »,[121] mais l'institution qui émerge de la fusion des deux Chambres n'est ni l'Assemblée Nationale, ni le Sénat. Il est constant que le nombre des députés (180) est supérieur à celui des sénateurs (100), mais la configuration des majorités ne dépendra pas de la distinction formelle entre les Chambres. Les votes des parlementaires seront davantage influencés par des appartenances partisanes, des apparentements politiques ou, plus exceptionnellement, par la confrontation des idées.

On pourrait alors conclure que le processus d'élaboration parlementaire des lois de révision constitutionnelle replace les assemblées dans un moule unique, éludant les mécanismes de navette ainsi que les privilèges du premier passage ou de la décision finale souvent reconnus à la première Chambre. Le texte est adopté à la majorité absolue des membres composant le congrès. Pour autant, le Président de la République peut demander une seconde lecture, auquel cas la révision est votée à la majorité des deux tiers des membres composant le Parlement. En cette matière, l'Assemblée Nationale ne dispose donc pas du dernier mot ;

---

[120] Loi n° 2014/017 du 9 septembre 2014 portant règlement intérieur du congrès du Parlement.

[121] Article 7(1) de la loi n° 2014/017 du 9 septembre 2014.

il en est de même des projets ou propositions de révision constitutionnelle soumis au vote référendaire comme prévu à l'article 63 (4) de la Constitution, et dont le destin peut varier en fonction des contingences politiques, mais aussi des clivages économiques et sociaux.

On pourrait cependant envisager d'accorder une certaine autorité au Sénat en lui réservant l'initiative et le vote de toute révision constitutionnelle, lui permettant par là de pouvoir contrebalancer certaines velléités qui pourraient provenir de la Chambre basse ou de l'exécutif. Ainsi, on ferait du Sénat le gardien de la Constitution et on marquerait davantage la particularité des lois portant amendement de la Constitution, dont la procédure se rapprocherait alors de celles de certaines lois dévolues à la compétence exclusive de chaque assemblée.

B- Les procédures d'adoption de lois sans navette

La procédure d'élaboration de certaines lois n'obéit pas à la loi de la navette. Il en est ainsi, notamment, des lois portant Règlement intérieur de l'Assemblée Nationale ou du Sénat, de la loi de prorogation ou d'abrègement du mandat des députés à l'Assemblée Nationale. : Une frange de la doctrine camerounaise demande à y ajouter la procédure d'adoption de la loi de finances.

L'idée d'une procédure particulière sur l'adoption de la loi de finances vient de ce que l'article 16 (2) (b) de la Constitution dispose que : « *au cours de l'une des sessions, l'Assemblée Nationale vote le budget de l'État*... ». On en a déduit que l'adoption du budget de l'État relève de la compétence exclusive de la Chambre basse, d'autant plus qu'au cours de la session budgétaire, c'est devant cette Chambre que le Premier Ministre présente le programme économique, financier, social et culturel du

Gouvernement[122] et que le Gouvernement dispose de l'initiative exclusive de la loi en la matière[123]. L'examen et le vote de la loi de finances seraient donc une activité particulière que certains auteurs souhaitent réserver à l'Assemblée Nationale[124]. Cette orientation n'a pas été suivie, car, depuis la mise sur place du Sénat, la lecture de la loi de finances obéit aux exigences de la navette comme prescrit par l'article 30 de la Constitution. On pourrait néanmoins remarquer que du fait des contraintes de temps[125], l'examen de ces projets de loi devant la Chambre haute est trop souvent conduit suivant la procédure simplifiée dite de la Chambre entière[126]. Cette procédure permet de court-circuiter le schéma interne du processus législatif : dans ce cas, les travaux de la séance plénière ne peuvent porter que la discussion générale du texte, la discussion au fond et la mise en forme définitive étant réservée à la Commission générale compétente[127].

Pour ce qui est de la loi portant modification de la durée d'une législature, l'article 15(4) (nouveau) de la Constitution dispose que « en cas de crise grave ou lorsque les circonstances l'exigent, le Président de la République peut, après consultation du Président du Conseil

---

[122] Article 34(1) de la Constitution.

[123] Arg. article 34 de la Constitution. Il en est ainsi de la loi de finances initiale, de la loi de finances rectificative appelée collectif et de la loi de règlement.

[124] Sur l'ensemble du processus législatif en matière budgétaire, voir KANKEU (J.), « la discussion et le vote du projet de loi de finances initiale », Mélanges en l'honneur du Professeur Etienne Charles LEKENE DONFACK, L'Harmattan, Vol. 2, 2024, p. 265 et s.

[125] En général, le Sénat dispose d'à peu près cinq jours pour adopter la petite loi de finances venue de l'Assemblée Nationale.

[126] Article 30(3) de la loi n° 2016/011 du 27 Octobre 2016 modifiant et complétant certaines dispositions de la loi n° 2013/006 du 10 Juin 2013 portant Règlement intérieur du Sénat.

[127] *Ibid, id.*

Constitutionnel et des bureaux de l'Assemblée Nationale et du Sénat, demander à l'Assemblée Nationale de décider, par une loi, de proroger ou d'abréger son mandat. Dans ce cas, l'élection d'une nouvelle Assemblée a lieu quarante (40) jours au moins et cent vingt (120) jours au plus après l'expiration du délai de prorogation ou d'abrègement de mandat ». Il est tout à fait curieux que la compétence de la Chambre haute, en la matière, se limite à un avis consultatif du Bureau, ainsi dépourvu de force d'influence décisive ; d'autant plus que dans la pratique, les lois de prorogation ou de dissolution sont tantôt promulguées comme émanation de la seule Assemblée Nationale, tantôt comme lois adoptées au nom du parlement tout entier.[128]

En ce qui concerne les lois d'organisation et de fonctionnement propres à l'Assemblée Nationale et au Sénat, les articles 17 (2) et 22 (2) de la Constitution sont assez explicites : chacune des assemblées fixe, elle-même, ses règles d'organisation et de fonctionnement sous forme de loi portant règlement intérieur[129]. En France, à titre comparatif, l'article 46, alinéa 4 de la Constitution dispose : « les lois organiques relatives au Sénat doivent être votées dans les mêmes termes par les deux assemblées ». Seule la loi organique relative à l'Assemblée Nationale semble ainsi affranchie de l'obligation de navette, le Sénat français ne disposant pas de « l'autonomie réglementaire ».

---

[128] Comparaison entre Loi n°2018/013 du 11 juillet 2018 portant prorogation du mandat des députés à l'Assemblée Nationale et la Loi n°2024/011 du 24 juillet 2024 portant prorogation du mandat des députés à l'Assemblée Nationale).

[129] Le Règlement intérieur du Congrès du Parlement fixe les règles d'organisation et de fonctionnement d'une activité commune aux deux Chambres relève normalement de la loi de la navette. Voir, à ce sujet, la Loi n°2014-17 du 09 septembre 2014 portant règlement intérieur du Congrès du Parlement.

La constitution camerounaise ne procède à aucune distinction sur le processus d'élaboration des lois organiques relatives aux assemblées parlementaires. Le constituant ne réglemente d'ailleurs pas ces processus, tant et si bien que les lois portant Règlement intérieur sont adoptées unilatéralement par chacune des Chambres parlementaires, suivant des mécanismes internes propres[130]. Sur cette base, l'Assemblée Nationale a adopté la loi n° 2014/016 du 09 septembre 2014 portant Règlement intérieur de l'Assemblée Nationale. Le Sénat a aussi élaboré la loi n° 2013/006 du 10 juin 2013 portant Règlement intérieur du Sénat, modifiée et complétée par celle n° 2016/011 du 27 octobre 2016.

Pour ce qui est spécialement du Sénat, une commission spéciale[131] mise en place *ab initio* avait examiné une proposition de loi n^0 001 /PPL/S portant Règlement intérieur du Sénat présentée par les sénateurs membres du Rassemblement Démocratique du Peuple Camerounais (RDPC). Cette proposition de loi, défendue par les sénateurs du RDPC, fut ensuite examinée et votée par la Chambre entière réunie en séance plénière avant d'être soumise au contrôle de constitutionnalité devant la Cour Suprême faisant office de Conseil Constitutionnel. Le

[130] En réalité, dans la pratique, des séances de coordination préalables sont assurées par la Présidence de la République afin d'assurer une certaine compatibilité dans l'organisation des activités parlementaires et d'éviter des empiètements ou contradictions entre les dispositions des textes.

[131] La commission spéciale présidée par le Sénateur Thomas TOBBO EYOUM comportait 25 membres issus des différents représentés au sein de la Chambre à savoir : le Rassemblement Démocratique du Peuple Camerounais (RDPC), le Social Democratic Front (SDF), L'union Nationale pour la Démocratie et le Progrès (UNDP), l'Alliance nationale pour la Démocratie et le Progrès (ANDP), le Front pour le Salut National du Cameroun (FSNC) et le Mouvement pour la Défense de la République (MDR).

Président de la République promulgua cette loi par un acte du 10 juin 2013[132].

Les règlements intérieurs, parce qu'ils fixent les modalités d'application des règles constitutionnelles,[133] constituent des lois organiques qui disposent de la même valeur[134] et de la même force de contrainte que les lois ordinaires[135]. Ils sont assujettis au contrôle préalable de constitutionnalité[136], régime exclusif de contrôle juridictionnel de la loi devant le Conseil Constitutionnel au Cameroun[137]. Ces règlements intérieurs des assemblées sont avant tout des « lois intérieures » et, à ce titre, dictent des codes relatifs au mode de fonctionnement interne, aux procédures de délibération ainsi qu'aux règles disciplinaires applicables à leurs membres. Ces textes sont nécessaires pour « articuler le travail parlementaire sur l'évolution politique et constitutionnelle »[138]. Ils sont complétés par certains actes d'administration interne à l'instar des arrêtés du Bureau, des arrêtés et décisions des Présidents des Chambres ou, spécialement pour ce qui est

[132] Sur l'ensemble du processus, lire TEME (A.A.), *La mise en place du Sénat au Cameroun*, L'Harmattan, Paris, 2015, spéc. PP 65-70.

[133] NGUELE ABADA (M.), « La réforme du règlement intérieur de l'Assemblée Nationale au Cameroun », RASJ, vol. 1, n° 3, 2003, p. 99.

[134] À la différence d'autres systèmes de droit, la législation camerounaise n'attribue pas expressément aux lois organiques une valeur supérieure à celle des lois ordinaires.

[135] Ils sont donc subordonnés aux lois Constitutionnelles.

[136] Sur le contrôle de Constitutionnalité des règlements intérieurs des assemblées en France, voir, décision n° 2021-814 DC rendu le 1er avril 2021 par le Conseil Constitutionnel français.

[137] L'article 47 al.3 de la Constitution ne prévoit qu'un contrôle à priori de la Constitution nalité des lois. Aucun contrôle à posteriori, même sous forme de question prioritaire de Constitution nalité n'est admis.

[138] ANGUE (C. G.), « Le règlement intérieur du Sénat », in OLINGA (A. D.), (dir.), *Le Sénat au Cameroun. Regards croisés sur une nouvelle institution*, éd. CLE, Yaoundé, 2016, p.117.

des personnels administratifs, des décisions des Secrétaires généraux desdites Chambres.

Section 2- Déséquilibre dans les mécanismes de contrôle du Gouvernement

Le contrôle de l'action du Gouvernement par le Parlement est l'une des pierres angulaires de la démocratie. Il permet de rendre l'exécutif comptable de ses actions et d'assurer l'application efficace des politiques publiques. C'est un indicateur de la bonne gouvernance qui garantit l'équilibre des pouvoirs et permet au Parlement d'affirmer son rôle de défenseur des intérêts du peuple. La doctrine distingue le contrôle sans sanction, par voie de questions ou d'enquêtes, du contrôle avec sanction qui contient la possibilité de mettre en cause la responsabilité du Gouvernement devant l'Assemblée Nationale, et que l'on qualifie de contrôle politique. Ce contrôle politique est un domaine réservé de l'Assemblée Nationale (Paragraphe 1), ce qui traduit, à nouveau, un déséquilibre fonctionnel du système bicaméral camerounais. Ce déséquilibre incite à une réforme institutionnelle, axée à tout le moins sur les mécanismes parlementaires de contrôle souple de l'exécutif (Paragraphe 2).

Paragraphe 1- Les contrôles politiques réservés à l'Assemblée Nationale

Dans le système camerounais, le Président de la République, Chef de l'État, nomme et révoque le Premier Ministre ainsi que les membres du Gouvernement[139]. L'Assemblée Nationale peut provoquer le renversement du Gouvernement dans plusieurs cas de figure : par la voie d'une motion de censure (B) ou à l'occasion du refus de la

---

[139] Article 10 de la Constitution.

confiance, lorsque le Premier Ministre décide d'engager la responsabilité du Gouvernement sur un texte, sur son programme ou sur une déclaration de politique générale (A).

A- Le vote de confiance d'initiative Gouvernementale

Le Gouvernement entre en fonction dès sa constitution par le Président de la République, sans une investiture particulière ni un quelconque vote de confiance de la part des assemblées. Il en est ainsi parce que la confiance du Parlement est supposée acquise au Gouvernement dans un régime parlementaire, rendant la question de confiance davantage conjoncturelle. À ce sujet, l'article 34 (2) de la Constitution dispose en effet que : « le Premier Ministre peut, après délibération du Conseil ministériel, engager devant l'Assemblée Nationale, la responsabilité du Gouvernement sur un programme ou, le cas échéant, sur une déclaration de politique générale ».

La mise en cause de la responsabilité du Gouvernement par la demande de confiance est donc théoriquement facultative pour le Premier Ministre, qui est la seule autorité qualifiée pour en prendre l'initiative. Dans la pratique, cependant, les contraintes politiques peuvent rendre le mécanisme impératif pour le Gouvernement qui cherche à débloquer un texte crucial pour la bonne marche des affaires ou à valider un programme indispensable pour la conduite d'un pacte plébiscité. La question de confiance peut intervenir à tout moment au cours de l'exercice de ses fonctions par le Gouvernement et peut éprouver la confiance parlementaire sur tout projet de loi, toute proposition de loi, tout programme ou toute déclaration de politique générale. Sa mise en œuvre est toutefois subordonnée à l'obtention d'une délibération du Conseil ministériel, de telle façon que, par son initiative personnelle, le Premier Ministre ne peut engager toute l'équipe Gouvernementale.

Il ne faudrait cependant pas confondre la mise en cause de la responsabilité du Gouvernement avec le rituel annuel de présentation à l'Assemblée Nationale du programme économique, financier, social et culturel du Gouvernement, formalité préparatoire à l'examen de la loi de finances initiale. Pour autant, rien n'interdit au Gouvernement d'engager sa responsabilité sur la base dudit programme.

Le vote sur la confiance ne peut intervenir moins de quarante-huit heures après la question de confiance. La confiance est refusée à la majorité absolue des membres de l'Assemblée Nationale. Dans ce cas, il y a défiance et le Premier Ministre doit remettre au Président de la République la démission du Gouvernement. Si la confiance est renouvelée, le programme ou la politique mis en jeu est revigoré. Il n'en demeure toutefois pas moins que les députés peuvent à tout moment censurer le Gouvernement.

B - La motion de censure d'initiative parlementaire

La motion de censure est l'un des moyens les plus énergiques du contrôle exercé sur le Gouvernement par l'Assemblée nationale. Il en existe deux types : la motion de censure spontanée, dite offensive, et la motion de censure provoquée par le Gouvernement. Qu'elle soit spontanée ou provoquée, la motion de censure résulte de l'initiative des députés. Elle ne peut être engagée qu'au cours d'une session parlementaire, faute de quoi elle est déclarée irrecevable.

La motion de censure spontanée résulte de la seule initiative des députés qui manifestent une défiance à l'égard d'un Gouvernement que l'Assemblée refuse d'adouber ou décident de retirer la confiance parlementaire audit Gouvernement. La motion de censure provoquée, quant à elle, est occasionnée par le Premier Ministre qui, après délibération du Conseil ministériel, décide d'engager, devant l'Assemblée Nationale, la responsabilité du Gouvernement sur le vote d'un texte. Il s'agit d'une réaction parlementaire à une offensive Gouvernementale qui essaie de faire passer un texte en l'affranchissant des contraintes traditionnelles de la procédure législative. Dans ce cas, en effet, « ce texte est considéré comme adopté, sauf si une motion de censure déposée dans les vingt-quatre (24) heures qui suivent est votée »[140].

La motion de censure, qu'elle soit spontanée ou provoquée, n'est recevable que si elle est signée par au moins un tiers des membres de l'Assemblée Nationale. À la différence du vote de confiance qui peut être refusé au Gouvernement à la majorité absolue, une motion de censure ne peut être adoptée qu'à la majorité des deux tiers des députés composant l'Assemblée Nationale, les absents étant par ailleurs automatiquement comptabilisés comme étant contre le vote. Arithmétiquement, il est donc beaucoup plus difficile de faire adopter une motion de censure que de refuser la confiance au Gouvernement.

Le vote d'une motion de censure entraîne la démission du Gouvernement. S'il s'agit d'une motion de censure provoquée, le rejet du texte sur lequel le Gouvernement avait engagé sa responsabilité s'ajoute à la démission. Par-dessus tout, la motion de censure peut se révéler une arme à double tranchant : elle débouche certes sur la démission du Gouvernement, mais pourrait aussi, paradoxalement, entraîner la dissolution de l'Assemblée Nationale.

Malgré cela, le contrôle politique du Gouvernement démontre une fois de plus que le Sénat ne dispose pas de pouvoir direct de sanction politique sur le Gouvernement,

140 Article 34 (4) de la Constitution.

n'étant associé ni à l'examen d'une quelconque question de confiance ni aux procédures de censure parlementaire. On en déduit que, faute de prérogatives véritablement roboratives, le pouvoir de contrôle du Gouvernement reconnu au Sénat relève du soft Power.

Paragraphe 2- Le renforcement du Sénat par la réforme du système de contrôle parlementaire

Dans l'ensemble, le système de contrôle parlementaire en lui-même apparaît limité aussi bien dans son étendue que relativement à l'assiette des moyens disponibles, conséquence de l'exacerbation de la rationalisation du parlementarisme[141]. Il se trouve parfois annihilé par le fait majoritaire et son corollaire, la partitocratie[142]. Cependant une revalorisation de la fonction de contrôle parlementaire dans son ensemble (A) contribuerait au renforcement des prérogatives sénatoriales (B).

A- L'amélioration des pouvoirs de contrôle parlementaire

Le constituant camerounais prévoit que le Parlement contrôle l'action Gouvernementale par voie de questions orales ou écrites et par la constitution des commissions d'enquête sur des objets déterminés[143]. Les règlements intérieurs des assemblées y ajoutent les pétitions[144], qu'il

---

[141] BUJADOUX (J.F), rationalisations du parlementarisme en France, Thèse, Paris II – Panthéon-Assas, 2019.
[142] Voir supra, Chapitre 1, section 2, paragraphe 2.
[143] Article 35 de la Constitution.
[144] Articles 81 du Règlement intérieur de l'Assemblée Nationale et 93 du Règlement intérieur du Sénat.

faudrait bien distinguer des interpellations[145]. Sans préjudice des autres mécanismes de contrôle, l'article 85 de la loi n° 2018-012 du 11 juillet 2018 portant régime financier de l'État et des autres entités publiques prévoit un contrôle spécifique en matière de finances publiques. À ce sujet, la commission des finances compétente désigne chaque année un Rapporteur général des recettes et des rapporteurs spéciaux chargés des dépenses publiques et du contrôle de l'usage des fonds publics, y compris des fonds des bailleurs. Ceux-ci suivent et contrôlent de façon permanente, sur pièces et sur place, l'emploi des crédits inscrits. Le système semble ainsi limiter les moyens d'exercice de la fonction de contrôle du Parlement.

Les questions orales ou écrites donnent la possibilité aux parlementaires d'interroger directement et publiquement les membres du Gouvernement, ceux-ci étant tenus de répondre sous réserve des « impératifs de la défense nationale, de la sécurité de l'État ou du secret de l'information judiciaire »[146]. Ces questions orales ou écrites n'ont pas vocation à déboucher sur une mise en cause de la responsabilité du Gouvernement, spécialement devant le Sénat[147].

Les commissions d'enquête parlementaires, quant à elles, sont constituées à la suite de votes majoritaires sur des propositions de Résolutions[148]. Elles permettent aux

---

[145] L'interpellation est une demande solennelle portée en séance plénière par un groupe de parlementaires et adressée à un membre du Gouvernement. Elle ne semble pas prévue par le dispositif juridique camerounais. Dans ce sens, NGAYAP (P.F.), *Le droit parlementaire au Cameroun*, L'Harmattan, 2017, p. 186.

[146] Article 35 (2) de la Constitution et 95 (5) de la loi n° 2016/011 du 27 octobre 2016 modifiant la loi n° 2013/006 du 10 juin 2013 portant Règlement intérieur du Sénat.

[147] Dans ce sens, NGAYAP (P.F.), *Le droit parlementaire au Cameroun*, L'Harmattan, 2017, p.176.

[148] Articles 86 de la loi n° 2014/016 du 09 septembre 2016 portant Règlement intérieur de l'Assemblée Nationale et 99 de la loi n°

assemblées de recueillir des éléments d'information sur des faits déterminés, d'examiner la gestion administrative, financière ou technique des services publics, de s'informer sur l'état de certaines questions d'intérêt national afin de leur permettre de faire des propositions adéquates. Afin de préserver la séparation des pouvoirs en évitant un empiètement du pouvoir législatif dans le champ du pouvoir judiciaire, il ne peut être créé de commission d'enquête parlementaire lorsque les faits en cause font l'objet de poursuites judiciaires[149]. Dans tous les cas, la création d'une commission d'enquête fait suite à la volonté des parlementaires de se saisir d'un problème significatif et relativement grave.

Ces voies formelles de contrôle permettent aux parlementaires de se procurer un certain nombre d'informations qui aideront à éclairer leurs actions et choix de vote. L'information peut également provenir des circuits informels, comme des discours ou des communications diverses souvent délivrées directement devant la représentation nationale par le Chef de l'État, le Chef du Gouvernement ou même des membres du Gouvernement. Il en est par exemple de l'apparition du Président de la République devant le Parlement ou de la présentation du programme du Gouvernement devant l'Assemblée Nationale.

À ce sujet, l'article 7 (2) de la Constitution dispose que : le Président de la République élu « prête serment devant le peuple camerounais, en présence des membres du Parlement, du Conseil Constitutionnel et de la Cour Suprême réunis en séance solennelle… ». À l'occasion, le Chef de l'État délivre régulièrement un discours source

---

2016/011 du 27 octobre 2016 modifiant la loi n° 2013/006 du 10 juin 2013 portant Règlement intérieur du Sénat.

[149] *Ibid*, articles 87 et 100.

d'informations. L'article 32 est plus explicite qui prévoit que : « Le Président de la République peut, sur sa demande, être entendu par l'Assemblée Nationale, le Sénat, ou les deux Chambres réunies en congrès. Il peut également leur adresser des messages ». Les communications présidentielles ne donnent lieu à aucun débat en sa présence. Sur un autre plan, le Premier Ministre et les autres membres du Gouvernement ont accès au Parlement et peuvent participer aux débats. Le Chef du Gouvernement, spécialement au cours de la session budgétaire, présente son programme économique, financier, social et culturel devant l'Assemblée Nationale[150].

Tout compte fait, l'encadrement de la mission de contrôle s'inscrit dans la dynamique du parlementarisme rationalisé et semble parfois déboucher sur une altération du parlementarisme. L'enclavement des missions parlementaires réduites à la fonction législative et de contrôle contribue à restreindre l'apport du Parlement national à la promotion de la démocratie. Il paraît alors judicieux d'ouvrir d'autres champs de compétence au pouvoir législatif, qui pourrait ainsi se trouver auréoler de nouvelles prérogatives à l'instar de la fonction élective et de l'évaluation des politiques publiques[151]. Pour des besoins de rééquilibrage de l'ossature bicamérale, ces perspectives seraient orientées vers la Chambre haute qui se verrait alors magnifier d'attributions propres, contrepartie des pouvoirs de sanction et de censure réservés à la Chambre basse.

B- L'attribution de prérogatives propres au Sénat

Les deux Chambres du Parlement disposent des prérogatives parlementaires traditionnelles : le vote de la loi et

---

[150] Article 34 (1) de la Constitution.

[151] La Commission des Lois constitutionnelles de l'Assemblée Nationale a organisé, le 03 juillet 2025, une séance spéciale dite d'évaluation du processus de décentralisation au Cameroun.

le contrôle du Gouvernement. La Constitution camerounaise, en son article 20, alinéa 1, ajoute que le Sénat représente les Collectivités Territoriales Décentralisées. Un clair-obscur demeure sur le sens de cette représentation, car ni le constituant ni la doctrine n'a pu démontrer qu'il s'agit d'une mission additionnelle ou d'une fonction particulière. La pratique parlementaire et l'office du juge constitutionnel[152] français l'interprètent comme une disposition qui indique la composition de l'électorat sénatorial et fonde l'engagement spécifique de la seconde Chambre à la promotion de la décentralisation territoriale[153].

Dans la mise en œuvre de sa fonction de contrôle, le Parlement dispose de moyens d'informations diversifiées, mais les moyens de contrôle demeurent assez limités. D'autres variantes de cette mission sont envisageables, à l'instar l'évaluation des politiques publiques[154] ou de ce que l'on appelle souvent la fonction élective.

L'évaluation des politiques publiques permet aux parlementaires de vérifier que les moyens mis en œuvre ont abouti aux résultats escomptés. Elle donne l'occasion à la

---

152 C.C, décision n° 2000-431 Dc du 6 juillet 2000, Loi relative à l'élection des sénateurs, Rec., p. 98 ; AIJC, 2000 (vol. (XVI), p. 703s, note ROUX ; Dalloz 2001 (23), somm. P. 1843s, note GHEVONTIAN ; RFDC, 44-2000, p. 826, note ROUX ; LPA, 12 juillet 2000, n° 138, p. 19, note SCHOETTL.

153 LAMOUROUX (S.), « les relations entre le Sénat et la décentralisation », « La réforme des collectivités territoriales et le Conseil Constitutionnel : ombres et lumière » in Revue française de droit Constitutionnel 2012/1, n° 89, p. 83s. ; EDOUA BILONGO (B.), « Le Sénat représente les collectivités territoriales décentralisées », in ATANGANA AMOUGOU (J.-L.), (dir.), *La Constitution de la République du Cameroun*, Commentaire article par article, Paris, L'Harmattan, 2024, p. 591s.

154 Depuis une réforme du 27 juillet 2008, l'article 24 de la Constitution française reconnaît au Parlement la fonction d'évaluation des politiques publiques.

représentation nationale de porter un jugement de valeur sur l'effectivité, l'efficience et l'efficacité des politiques publiques implémentées. Plus qu'un simple audit technique, l'évaluation des politiques publiques est une véritable occasion de contrôler du Gouvernement.

La fonction élective, quant à elle, confère au Parlement la prérogative d'élire les membres des deux autres pouvoirs, les membres du Gouvernement et les juges des juridictions les plus élevées. Dans ce contexte, le Parlement dispose d'une légitimité démocratique plus importante que les autres autorités, car il est le seul qui tient ses pouvoirs du suffrage universel. Par ce mécanisme, le pouvoir législatif dessine un pouvoir exécutif et un pouvoir judiciaire à son image, traduisant alors toute la diversité sociale, culturelle, voire politique, du pays. Le constituant camerounais n'accorde pas cette fonction au Parlement, plutôt reconnaît au Président de la République le pouvoir de nommer le Premier Ministre, les membres du Gouvernement et aux emplois civils et militaires[155].

Certes, le Président de la République est élu au suffrage universel au même titre que les parlementaires, mais il exerce la souveraineté nationale au même titre que les membres du Parlement[156]. Dans ces conditions, il peut paraître judicieux de permettre au Parlement, à l'une des Chambres tout au moins, la Chambre haute en l'occurrence, de pouvoir procéder au contrôle des nominations à certaines fonctions au sein de l'État : Un droit de regard ou un véritable pouvoir de blocage serait alors reconnu au Sénat pour donner un avis ou plutôt confirmer certaines nominations aux plus hautes fonctions politiques, administratives, juridictionnelles ou militaires de l'État. L'approbation parlementaire de la désignation de ces hauts

[155] Article 8(10) et 10 (1) de la Constitution.
[156] Article 2 de la Constitution.

responsables leur confèrerait une légitimité importante et leur garantirait des marges de manœuvre considérables.

On assisterait alors à une nouvelle configuration des prérogatives parlementaires et à un rééquilibrage du bicamérisme camerounais. Ce serait peut-être une voie médiane entre le bicamérisme égalitaire, difficilement opérationnel, et le bicamérisme très inégalitaire tout autant inefficace, car la structuration actuelle d'un bicamérisme fortement déséquilibré contraste quelque peu avec la vocation élitiste du Sénat camerounais. Cette différenciation opérationnelle viendrait conforter la différenciation institutionnelle, marquée notamment par la proclamation constitutionnelle selon laquelle « le Sénat représente les Collectivités Territoriales Décentralisées ».

TITRE 2

LE SÉNAT : ROUAGE DE LA DÉCENTRALISATION TERRITORIALE

Le premier dilemme du bicamérisme camerounais était de trouver un ancrage républicain pouvant justifier la présence de deux assemblées représentatives au Parlement national. La situation de la première Chambre ne posait pas de problème, issue du suffrage universel direct et, en conséquence, représentation nationale du peuple souverain. Par contre, une difficulté se présentait à trouver une autre base pouvant justifier une seconde Chambre, dès lors que la Constitution elle-même proclamait que la souveraineté est la propriété exclusive du peuple et que la République est fondée sur les valeurs d'égalité ne permettant pas de représentation aristocratique. Devant cette difficulté, le constituant s'est appuyé sur la géographie du territoire pour élaborer une seconde forme de représentation nationale : l'organisation territoriale de la République, en Collectivités Territoriales Décentralisées, a ainsi pu se conjuguer avec le souci d'une double représentation parlementaire pour construire un modèle assez subtil de bicamérisme.

En réalité, ce système de représentation parlementaire par le recours aux collectivités locales s'inspirait du modèle élaboré pendant la troisième République française, résultant d'un compromis entre les monarchistes majoritaires et les républicains qui trouvaient là le moyen de rétablir un Sénat construit sur une base égalitaire. Le dessein n'était pas de représenter les terroirs en eux-mêmes, mais de trouver un fondement républicain à une seconde Chambre parlementaire, sur fond de calculs politiciens : les monarchiens trouvaient en cela le moyen d'assurer une sur-représentativité des zones rurales réputées conservatrices et donc enclines au retour à l'ordre monarchiste ; les républicains, quant à eux, recherchaient une double représentation dénuée de clivages aristocratiques. La représentation des Collectivités Territoriales Décentralisées traduit donc, avant tout, un procédé par défaut de mise en place de la seconde Chambre parlementaire.

Cette forme de bicamérisme a été reprise par l'article 24, alinéa 3 de la Constitution française du 4 octobre 1958[157]. C'est un modèle qui a malheureusement été contesté, en ce que la représentation géographique des autonomies locales n'était pas la seule voie pour assurer la double représentation nationale[158] et qu'en tout cas, le bicamérisme territorial ne serait envisageable qu'avec des collectivités locales érigées en entités politiques distinctes du centre. Or, le constituant français et plus encore camerounais n'a jamais voulu et ne voudrait aucunement considérer les collectivités territoriales autrement que comme de simples déclinaisons administratives[159].

Au Cameroun, menacé tantôt de fédéralisme, mais aussi de sécession, il n'est absolument pas question de nourrir des forces centrifuges en permettant que les collectivités locales deviennent des enclaves politiques autonomes. Sans aucun doute, le recours à la diversité des terroirs permet une représentation différenciée de la nation et favorise une présence sensible des zones rurales en milieu parlementaire. Le modèle camerounais construit à partir de ce référentiel évolue cependant sur un contraste sournois : l'ingénierie de

---

[157] Article 24 alinéa 3 de la Constitution française : « Le Sénat…assure la représentation des collectivités territoriales de la République ».

[158] Dans le contexte français, d'autres formes ont été proposées, notamment la représentation des corps intermédiaires et des groupes socioprofessionnels, des corps de métiers, voire des syndicats. Dans son discours de Bayeux, le 16 juin 1946, Charles DE GAULLE proposa de composer une seconde Chambre qui compterait, outre les collectivités locales, « des représentants des organisations économiques, familiales, intellectuelles, pour que se fasse entendre, au-dedans même de l'État, la voix des grandes activités du pays », in Mémoires d'espoir, Paris, Plon, 1999, p. 313.

[159] EKO'O AKOUAFANE (J. C.), *La décentralisation administrative au Cameroun*, L'Harmattan, 2009 ; ATEMENGUE (J.de N.), « La République du Cameroun est un État unitaire décentralisé », in ATANGANA AMOUGOU (J.-L.) (dir.), *La Constitution de la République du Cameroun,* L'Harmattan, 2025 p. 196 et s.

la double représentation poursuit l'idéal républicain d'égalité, en essayant d'occulter une représentation nationale dédiée aux « corps intermédiaires », les chefs traditionnels en l'occurrence, qui, ainsi, s'interposent entre l'individu et l'État[160]. La seconde Chambre parlementaire, en fin de compte, apparaît comme une institution référente à la fois des enclaves territoriales et de la notabilité locale.

Ce décor interpelle sur la solennité, la signification et la portée de l'article 20(1) de la Constitution qui dispose que : « *le Sénat représente les Collectivités Territoriales Décentralisées* »[161]. Cette disposition, laconique, est d'autant plus énigmatique que la loi fondamentale ne donne pas suffisamment de détails sur le sens de cette Représentation.

Dans tous les cas, il est indéniable qu'en s'appuyant sur la configuration administrative du territoire et sur l'élite locale pour construire une deuxième Chambre parlementaire, le constituant crée une relation particulière entre la Chambre haute et les organes territoriaux. Il existe donc un lien majeur, sur le plan juridique et dans l'ordre politique, qui unit le Sénat aux Collectivités Territoriales

---

[160] Dans la tradition juridique camerounaise, l'expression d'intérêts particuliers n'a pas vocation à participer à la production de la volonté générale ; toute représentation professionnelle n'est défendable que dans l'ordre consultatif, dans le cadre des Chambres consulaires telles que la chambre d'agriculture, de l'élevage et des forêts, la Chambre du commerce, d'industrie, des mines et de l'artisanat, et même le Conseil Économique et Social. Voir, à ce sujet, la loi nº 2001/016 du 23 juillet 2001 fixant le statut des Chambres consulaires.

[161] À la lecture des articles 2 (1) (4) et 240 (2) de la loi no 2019/024 du 24 décembre 2019 portant Code général des Collectivités Territoriales Décentralisées, on peut affirmer que les collectivités territoriales de la République sont les Régions les, les communautés urbaines et les Communes.

Décentralisées[162]. Cette accointance n'altère aucunement son statut d'assemblée parlementaire de plein exercice et, partant, d'organe de représentation nationale habilité à exercer la souveraineté au nom du peuple. Cela révèle simplement l'enracinement spécifique de la Chambre haute qui apparaît clairement comme un reflet de la diversité des territoires (Chapitre 1). Cette spécificité interpelle quant à l'opérationnalité de la seconde Chambre, son champ d'activité et de sédimentation politique, en rapport nécessaire avec les problématiques liées à la décentralisation territoriale (Chapitre 2).

---

[162] Le Professeur Bernard GUIMDO, « les bases Constitutionnelles de la décentralisation au Cameroun », Revue générale de Droit, 1998, vol 29, p. 92, est allé plus loin en affirmant que le Sénat est en fait une ramification de la décentralisation.

Chapitre 1

Sénat, reflet national de la diversité des territoires

Le rattachement de l'institution sénatoriale aux Collectivités Territoriales Décentralisées est l'un des plus grands points de la critique formulée à l'encontre de la Chambre haute du Parlement.

Déjà, le premier handicap vient de la notion de collectivités territoriales elles-mêmes, le constituant ayant procédé par énumération[163] sans en donner une définition systémique. À ce sujet, M. SOHOUENOU propose d'y voir « des groupements humains vivant sur un espace délimité du territoire d'un État, à qui sont reconnus non seulement la personnalité juridique, mais aussi une double autonomie, administrative et financière, en vue de la gestion des compétences à elles transférées par l'État sur des domaines considérés comme nécessaires pour le développement local »[164]. Cette définition ne donne pas complètement satisfaction, car ne permet pas de distinguer la région, entité

---

[163] Article 55 (1) de la Constitution : les Collectivités Territoriales Décentralisées sont les régions et les communes. Tout autre type de Collectivités Territoriales Décentralisées est créé par la loi.

[164] SOUHOUENOU (M. E.), « les formes de régionalismes émergents en Afrique », in NEMERY (J.CL.) (dir.), *Quelles organisations pour les grandes régions en France et en Europe*, Paris, L'Harmattan, 2015, p. 311.

administrative déconcentrée, de la région qui serait une enclave territoriale décentralisée[165].

Par la suite, on lui reproche au Sénat de ne représenter que les collectivités territoriales et, en conséquence, de n'assurer qu'une représentation partielle de la réalité de la nation dont la complexité ne peut se réduire aux identités inventoriées dans les limites des circonscriptions territoriales ; on la soupçonne de vouloir se dresser en une Chambre corporatiste faisant primer les intérêts des collectivités territoriales et des élites locales sur l'intérêt général ou les libertés individuelles.

Le Sénat est, en même temps, accusé de mal représenter ces collectivités territoriales du fait d'un « bilan contrasté »[166] et parce que constitué sur une base territoriale qui ne prend pas en compte les réalités démographiques des différentes régions[167]. Le caractère quelque peu contradictoire de ces critiques révèle toute l'ambiguïté du statut constitutionnel de Représentant des collectivités locales attribué au Sénat et la difficulté persistante à le situer sur l'échiquier politique et institutionnel.

Une chose est certaine, la disposition constitutionnelle signifie que le Sénat et les Collectivités Territoriales Décentralisées sont intimement liés. Ils sont liés au plan juridique et dans l'ordre politique par un rapport particulier

---

[165] Sur l'ambivalence de la région, lire : GUIMDO DONGMO (B.-R.), « La région en droit public : quel janus juridique ? », RR-Droit prospectif, vol. 1, n° 187, 2022, p. 495s.

[166] TAMETONG NGUEMO TSIDIE S., *« À quoi sert le Sénat ? Réflexion sur les fortunes du bicamérisme au Cameroun et au Gabon à l'ère des nouveaux défis étatiques »,* RDP, 1-2023, p.167 et s.

[167] En France, l'article L280 du Code électoral prévoit que « la composition du collège électoral appelé à élire les sénateurs assure, dans chaque département, la représentation des différentes catégories de collectivités territoriales et de la diversité des communes, en tenant compte de la population qui y réside… ».

qui marque la spécificité de la seconde Chambre parlementaire. Ce lien dont le décryptage est délicat [168] se manifeste avant tout dans le mode de désignation des sénateurs (Section 1) ; il se révèle en suite dans la structure représentative de la seconde Chambre parlementaire (Section 2).

Section 1- Le mode de désignation des sénateurs

Le modèle de désignation des sénateurs relève d'un système hybride qui allie la cooptation nobiliaire et le mode électif. Ce régime électoral avec suffrage partiel[169] est le premier élément qui distingue la seconde Chambre parlementaire de la première complètement issue du suffrage universel. Ce système de représentation rappelle le modèle de bicamérisme britannique dont l'une des Chambres est composée de Lords désignés par suffrages et par cooptation. La monarchie représentative[170] anglaise perdure, malgré d'incessantes réformes[171] sous l'effet des

---

[168] Fathi ZERARI, l'autonomie des collectivités locales et les fondements du Conseil de la Nation en Algérie, Thèse, Bordeaux, sept. 2017, 449 p. ; G.R.E.P, « la fonction représentative de la seconde chambre dans l'État unitaire », Presses Universitaires de Nancy, 2001, p. 69

[169] Le système de suffrage partiel est celui dans lequel les membres d'une chambre sont désignés pour une part de membres élus et pour une autre part de membres nommés. Voir, à ce sujet, NACK BACH (Ch.), Démocratisation et décentralisation, genèse et dynamiques comparées des processus de décentralisation en Afrique subsaharienne, Karthala-PDM, 2003, p. 293, cité par MBEYAP KUTNJEM (A.), « la nomination des sénateurs », in *Le Sénat au Cameroun*, Sous la direction de OLINGA, (A. D) Ed. CLE, Yaoundé, 2016, p. 191.

[170] L'expression est empruntée à Philippe LAUVAUX, « les monarchies : inventaire des types », Revue Pouvoirs, n°78 - Les monarchies - septembre 1996 - p.23-41.

[171] Les points marquants sont notamment : la suppression de son droit d'initiative pour les lois financières et budgétaires, la limitation de son veto suspensif à un an par les Parliament Acts de 1911 et 1949, les restrictions apportées à la paierie héréditaire par la House of Lords Act de 1999 et le

critiques pressantes exigeant un potentiel maximal de représentativité.

Les sénateurs sont tantôt élus, tantôt nommés. Ils sont élus au scrutin de liste mixte à un tour, sans vote préférentiel ni panachage[172]. Le collège électoral, le cadre de l'élection et même le nombre de sénateurs sont fixés sur une base strictement régionale (Paragraphe 1). À ces critères objectifs s'ajoutent des exigences d'ordre subjectif, liées au rattachement personnel du candidat à la circonscription régionale (Paragraphe 2).

Paragraphe 1- La désignation des sénateurs sur une base strictement régionale

En vertu des dispositions combinées des articles 3 de la Constitution[173] et 218 (2) du Code électoral[174], les candidats aux fonctions de sénateurs sont nécessairement choisis et investis par les partis politiques, la législation n'ayant pas considéré d'autres entités sociales comme formations politiques pouvant accompagner l'expression des

---

transfert à la cour suprême, suivant Constitutional Reform Act de 2005, des compétences judiciaires autrefois exercées par les Law lords.

[172] Articles 151, 152, 217 et 218 du Code électoral ; voir à ce sujet : ATEMENGUE (J.de N.), « le régime électoral des sénateurs », in OLINGA (A.D.) (dir.), *Le Sénat au Cameroun*, Ed. CLE, Yaoundé, 2016, p. 175 et s. ; COTTERET (J.M.) et EMERI (C.), *Les systèmes électoraux,* PUF, Que sais-je ? 1970.

[173] Article 3 de la Constitution : « les partis et formations politiques concourent à l'expression du suffrage. Ils doivent respecter les principes de la démocratie, de la souveraineté et de l'unité nationale… »

[174] Article 218 (2) du Code électoral : « Chaque parti politique prenant part à l'élection présente une liste complète de sept (07) candidats choisis parmi ses membres. Pour chaque siège, il est prévu un candidat titulaire et un candidat suppléant. Le titulaire et le suppléant se présentent en même temps devant le collège électoral… »

suffrages[175]. La configuration de la circonscription électorale (A) et la composition du collège électoral (B) sont révélateurs de l'ancrage territorial de la Chambre sénatoriale.

A- La circonscription électorale régionale

Au Cameroun, les deux Chambres parlementaires sont élues au suffrage universel, les députés, au suffrage universel direct dans le cadre de circonscriptions départementales[176], et les sénateurs au suffrage universel indirect par de grands électeurs aux origines composites réunis dans le cadre de circonscriptions régionales[177]. À la différence des circonscriptions pour les législatives qui admettent la possibilité de découpages spéciaux non calqués sur les limites des départements[178], les circonscriptions régionales sont alignées sur les délimitations des régions administratives et représentent des territoires électoraux qui se suffisent à eux-mêmes. Les circonscriptions pour les sénatoriales sont autonomes et n'admettent aucune variation ni pondération avec les résultats dégagés dans les autres circonscriptions. Cette délimitation s'appuie, en tout cas, sur la présomption que le découpage administratif du territoire prend en compte les paramètres liés aux communautés d'intérêts, aux communautés ethniques ou raciales et aux contingences géographiques en rapport notamment avec les frontières naturelles.

---

[175] Sur une lecture critique de cette obligatoriété de médiation des partis politiques, voir ATEMENGUE (J. de N.), « Le régime électoral des sénateurs », in OLINGA (A.D.) (dir.), *Le Sénat au Cameroun*, éd. CLE, Yaoundé, 2016, p. 178.

[176] Articles 148, 149 du Code électoral

[177] Articles 217 du Code électoral

[178] Voir Décret N° 2013/223 du 03 juillet 2013 découpage spécial de certaines circonscriptions électorales et répartition des sièges au sein desdites circonscriptions.

La configuration des circonscriptions sénatoriales ne prend pas en compte le poids démographique des régions ; elle poursuit essentiellement un objectif de représentation territoriale, beaucoup plus que les exigences d'équité du découpage ou d'équilibre démographique et politique souvent évoquées[179]. C'est ainsi qu'un principe d'égalité rigide est appliqué au nombre de sénateurs éligibles dans chaque circonscription électorale[180] : l'article 20 (2) de la Constitution dispose, à ce sujet, que « Chaque région est représentée au Sénat par dix (10) sénateurs, dont sept (7) sont élus au suffrage universel indirect sur la base régionale et trois (3) nommés par le Président de la République ». Sans aucun doute, le constituant qui avait à cœur d'assurer une représentation notable du pays profond au Sénat ne s'est pas embarrassé du chiffre de l'électorat dans les différents périmètres administratifs du territoire tenant lieu dc circonscriptions électorales.

Cette rigidité est d'autant plus manifeste que le constituant ne s'est pas soucié de la représentativité des Camerounais en situation d'expatriation ni de ceux qui, en marge du critère territorial, peuvent nourrir la réflexion par leur parcours ou leur expérience exceptionnels. À titre prospectif, on peut observer que le système français accorde une représentation sénatoriale aux citoyens résidents à l'étranger [181] et que les anciens Présidents de la République

---

[179] GHEVONTIAN R. et ROUX A., « Les circonscriptions électorales », Annuaire International de Justice Constitutionnelle, 1996, p.382 et s.

[180] La répartition du nombre des députés dans les circonscriptions électorales s'appuie sur la démographie locale ; voir, à ce sujet, le Décret n° 2013/222 du 3 juillet 2013 portant répartition des sièges par circonscription électorale à l'Assemblée nationale.

[181] Pendant longtemps, seul le Sénat représentait les Français établis à l'étranger. Depuis la révision Constitutionnelle du 23 juillet 2008, les Français établis hors de France sont représentés aussi bien à l'Assemblée Nationale qu'au Sénat.

sont membres de droit et à vie du Sénat en République Démocratique du Congo.

De fait, la raideur territoriale jette un doute sur la nature de la circonscription électorale qui donne à penser que ces délimitations territoriales auraient des attributs similaires à ceux des cadres électoraux définis dans le contexte des États fédéraux. En réalité, bien qu'elle s'y rapproche, la représentation des Collectivités Territoriales Décentralisées au Cameroun ne devrait jamais se confondre avec la représentation des États fédérés assurée par les secondes Chambres des systèmes fédéraux. De même, le collège électoral composé dans le cadre de l'élection sénatoriale agit pour le compte de la nation entière à la différence de celui établi dans le cadre d'un État composé qui est propre à chaque État membre de la fédération ou de la confédération.

B- Le collège électoral régional

Au Cameroun, les sénateurs sont les « élus des élus »[182], traduisant une composition élitiste du collège électoral. Ils *« sont élus dans chaque région par un collège électoral composé des conseillers régionaux et des conseillers municipaux »*[183]. S'il est établi que les conseillers régionaux et les conseillers municipaux sont élus, il est important de signaler que les conseillers régionaux sont de deux types : les délégués des départements et les représentants du commandement traditionnel[184]. Les délégués des départements sont élus au suffrage universel indirect par les

[182] GICQUEL J. et GICQUEL J.-E., *Droit Constitutionnel et institutions politiques*, 26ème éd., Paris, Montchrestien, 2012, p. 703, cité par ATEMENGUE J.de N., « Le régime électoral des sénateurs », in *Le Sénat au Cameroun*, éd. CLE, Yaoundé, 2016, p. 183.

[183] Article 222 du Code électoral

[184] Articles 243 (1) du Code électoral et 275 (3) du Code général des Collectivités Territoriales Décentralisées.

conseillers municipaux, cependant que les représentants du commandement traditionnel sont élus par un collège électoral composé de chefs traditionnels autochtones de la région[185]. Ce collège électoral comprend donc les conseillers municipaux, les conseillers régionaux élus par les conseillers municipaux et les conseillers régionaux particuliers, chefs traditionnels élus par leurs pairs. L'électorat sénatorial est donc un collège de grands électeurs tantôt élus, tantôt dépourvus eux-mêmes de l'onction du suffrage universel, les chefs traditionnels[186].

Le collège électoral sénatorial issu de l'élite élective désigne sept sénateurs par région. Ce nombre de sénateurs élus est complété par trois autres nommés dans chaque région par décret du Président de la République, soit trente (30) sénateurs sur cent sur l'ensemble de la nation[187]. Cette habilitation du Président de la République recèle un hiatus démocratique[188] dans la mesure où c'est le chef de l'exécutif[189] qui désigne certains membres du Parlement et

---

[185] Article 248 du Code électoral

[186] Voir, Décret n° 77/245 du 15 juillet 1977 portant organisation des chefferies traditionnelles, modifié par Décret n°2013/332 du13 septembre 2013 : les chefs traditionnels, choisis au sein des familles appelées à exercer le commandement traditionnel(art.8), sont désignés par l'autorité administrative (art 15), après consultation de la notabilité coutumière (art.11) composée de princes de sang et de notables cooptés.

[187] Articles 20 de la Constitution et 214 (1) du Code électoral.

[188] Certains auteurs estiment que cela constitue une atteinte au principe de la séparation des pouvoirs, un moyen d'inféodation du pouvoir législatif. Dans ce sens, MBEYAP KUTJEM (A.), « la nomination des Sénat eurs », in OLINGA (A. D.) (dir), *Le Sénat au Cameroun*, éd. CLE, Yaoundé, 2016, p. 206 ; OLINGA (A. D.) « Cameroun, vers un présidentialisme démocratique, Réflexions sur les révisions Constitution nelles du 23 avril 1991 », Revue juridique et politique, Indépendance et coopération, n° 4, 1992, p. 149s.

[189] Aux termes de l'article 11 de la Constitution, « le Gouvernement est chargé de la mise en œuvre de la politique de la nation telle que définie par le Président de la République ».

que, malgré son investiture sur la base d'un vote populaire, ce mode de désignation des sénateurs procède d'un « suffrage individuel » nettement distinct du suffrage universel. Cela révèle, par ailleurs, une volonté du constituant de façonner un Sénat allié, s'il le faut, du pouvoir exécutif et contribue à hypothéquer considérablement le principe libéral de la séparation des pouvoirs[190].

Cependant, ce pouvoir de désignation, discrétionnaire[191], est encadré par le Code électoral[192] qui soumet la nomination des sénateurs aux mêmes conditions d'éligibilité et d'incompatibilités que celles des autres candidats aux élections sénatoriales[193]. Ainsi, les sénateurs nommés sont également désignés sur une base régionale, au même titre que ceux élus et avec les mêmes critères liés à l'âge[194]. Au-delà, il y a lieu de relever que « les choix opérés sont indubitablement liés à des convenances politiques »[195] et que l'acte de nomination échappe au contrôle du juge parce qu'il ressortit de la catégorie des actes de Gouvernement[196].

---

[190] DONFACK SOKENG (L.), « Existe-t-il une identité démocratique camerounaise ? La spécificité camerounaise à l'épreuve de l'universalité des droits fondamentaux », in *RCSP,* Volume 1, n°1, 1996, p. 1s

[191] LE BOS – LE POURHIET (A.-M.), « Les emplois à la discrétion », Pouvoirs, n° 40, 1987.

[192] Loi n° 2012/001 du 19 avril 2012 portant Code électoral, modifiée et complétée par celle n° 2012/017 du 21 décembre 2012.

[193] Articles 218 (2), 220 et 221 du Code électoral, 6,11 et 23 du Règlement intérieur du Sénat.

[194] Quarante ans (art. 20 al. 3 de la Constitution, art. 220 al. 1 du Code électoral.

[195] ADA (P. G.), « l'émancipation du parlement », in OLINGA (A.D.), (dir), *La réforme Constitutionnelle du 18 janvier 1996 au Cameroun, 25 ans après*, Afrédit, Yaoundé, 2021, p. 212.

[196] NGUELE ABADA (M.), « L'indépendance des juridictions Constitutionnelles dans le Constitutionnalisme des États francophones d'Afrique noire post-guerre froide : l'exemple du conseil Constitutionnel camerounais », Palabres actuelles n° 4, : « la justice »,

Dans tous les cas, on s'aperçoit qu'en s'arc-boutant sur les périmètres régionaux, la désignation des sénateurs ne permet pas une juste représentation des collectivités territoriales à l'échelle nationale : en choisissant ces parlementaires sur une base strictement égalitaire de dix (10) sénateurs par région, en s'abstenant de prendre en compte le poids démographique des régions, on aboutit à une surreprésentation des campagnes au détriment des zones urbaines à forte densité. Bien plus, aussi bien pour les sénateurs élus que pour ceux désignés, aucun siège n'est prévu pour les Camerounais en situation d'exterritorialité, les Camerounais de l'étranger, dont il eût été judicieux de garantir leur représentation au sein du Parlement[197]. Il en est de même, en dehors du lien de rattachement régional, pour certaines personnalités d'envergure nationale dont le statut personnel aurait été bénéfique pour l'efficacité de la Chambre[198].

Paragraphe 2- Le rattachement du candidat à la circonscription régionale

Aux termes de l'article 220 du Code électoral, le candidat aux fonctions de Sénateur doit être citoyen « Camerounais d'origine »[199] et remplir certains critères de rattachement à la configuration régionale. Ces critères ont trait

---

Revue de la Fondation Raponda Walker, 2010, p.81, cité par ADA (P. G.), « l'émancipation du parlement »... op. cit., p. 212.

[197] Les Camerounais de l'étranger ne participent qu'aux élections présidentielles, article 271 du Code électoral.

[198] En République Démocratique du Congo, par exemple, les anciens Présidents de la République sont Sénateurs à vie (article 5 du Règlement intérieur du Sénat).

[199] Interprété au sens strict, l'étranger qui acquiert la nationalité camerounaise par naturalisation n'est donc pas éligible aux fonctions de Sénateur. Ce critère de nationalité est souple pour l'élection du député, ainsi que cela ressort de l'article 154 du Code électoral qui exige simplement une ancienneté de 10 ans depuis l'acquisition de la nationalité.

à la condition d'autochtonie et à la prise en compte des composantes sociologiques (A) ainsi qu'à l'exigence de résidence effective dans le ressort de la région concernée (B).

A – L'exigence relative à l'autochtonie et à la composition sociologique de la région

L'exigence d'autochtonie est prescrite pour les représentants du commandement traditionnel devant composer le collège électoral Sénatorial. Elle est inscrite à l'article 248 (2) du Code électoral, en ces termes : « les représentants du commandement traditionnel sont élus par un collège électoral composé des chefs traditionnels de 1er, 2e et 3e degrés autochtones, dont la désignation a été homologuée, conformément à la réglementation en vigueur ». Cette disposition fait écho d'une formulation du préambule de la Constitution selon laquelle « l'État assure la protection des minorités et préserve les droits des populations autochtones conformément à la loi »[200].

La constitutionnalisation de la notion d'autochtonie traduit la prise en compte de sous-identités parcellaires en concours ou au service de l'identité nationale. Cette transformation d'une réalité sociologique en principe de droit politique concédé aux autochtones s'inscrit dans un élan universel de protection des droits de la personne sous l'angle des minorités[201] et des couches vulnérables. Elle est notamment inspirée par l'article 27 du Pacte international

---

[200] SINDJOUN (L.) et SOBDZE (S.F.), « l'État assure la protection des minorités et préserve les droits des populations autochtones conformément à la loi », *in* AMOUGOU (J.-L.) (dir.), *La Constitution de la République du Cameroun (commentaire article par article)*, L'Harmattan, 2025, p. 57s.
[201] DEMICHE (A.), « L'évolution de la protection des minorités depuis 1945 », RGDIP, 1960, p. 22s

relatif aux droits civils et politiques[202]. Il s'agit d'une considération qui s'inscrit généralement dans une recherche de cohésion sociale, ce que Luc SINDJOUN et Serge François SOBDZE[203] ont qualifié de « logique démotique fondée sur la cohabitation entre les groupes et les droits des individus, entre l'universalité et la différence, la thèse d'un constitutionnalisme de l'équilibre ». Elle révèle néanmoins une différenciation entre les chefferies traditionnelles, dont certaines ne seraient pas assez enracinées dans les territoires qui les hébergent.

Par ailleurs, cette condition demeure assez délicate à vérifier parce que restée imprécise faute de norme explicative[204]. Dans l'ordre juridique camerounais, en effet, ni la Constitution ni la loi ne donne une définition précise de la notion d'autochtonie. Tout au plus, les travaux préparatoires du constituant permettent d'avoir une idée sur un contenu qui, en tant que tel, n'est pas rentré dans le champ du droit positif proprement dit. Devant cette discrétion normative, la doctrine n'a pu s'entendre que sur le fait qu'au plan national, l'entendement de l'autochtonie n'épouse pas exactement la conception du droit international. Dans l'ordre juridique camerounais, il est

---

202 L'article 27 du pacte international relatif aux droits civils et politiques, adopté par l'Assemblée générale des Nations Unies le 16 décembre 1966, entré en vigueur le 23 mars 1976, dispose : « Les personnes appartenant à des minorités ethniques, religieuses ou linguistiques ne peuvent être privées du droit d'avoir leur vie culturelle, de pratiquer leur religion et d'employer leur langue ».

203 SINDJOUN (L.) et SOBDZE (S.F.), *« l'État assure la protection des minorités et préserve les droits des populations autochtones conformément à la loi », in* AMOUGOU (J.-L.) (dir.), *La Constitution de la République du Cameroun (commentaire article par article)*, L'Harmattan, 2025, p. 57s.

204 NGANDO SANDJE (R.), « *Le droit des minorités et des peuples autochtones au Cameroun* », Revue Droit et Cultures, n° 66, 2013-2, p. 149-178.

pour le moins certain que la construction d'un régime de droit constitutionnel qui proclame l'unicité du peuple, de l'État et de la République en même temps que l'existence de populations et de chefs autochtones requière beaucoup d'attention et de délicatesse[205].

Dans tous les cas, la création de la sous-catégorie des chefs traditionnels autochtones dans l'ordre des « droits catégoriels », déjà problématiques, réservés à la chefferie traditionnelle demande une construction prudente devant préserver les acquis démocratiques de la république et garantir une compatibilité entre cette sorte de discrimination positive, les principes d'égalité des citoyens, d'unicité et d'indivisibilité de l'État[206].

La condition relative à la composition sociologique des régions demeure tout aussi évasive, faute d'une publication officielle de la nomenclature des identités sociales des différentes collectivités territoriales du pays[207]. Cette exigence trouve néanmoins son fondement dans le souci d'éviter les « abus des majorités » sociologiques et

---

[205] Lire, à ce sujet, GUIMDO (B.-R.), « Reconnaissance des minorités et démocratie : duel ou duo ? », Annales de la Faculté des sciences juridiques et politiques de l'Université de Dschang, vol. 1, Tome 1, 1997, p.122.

[206] Pour amples détails, voir : GUIMDO (B.R.), « *reconnaissance des minorités et démocratie : duel ou duo ?* », Annales de la Faculté des sciences juridiques et politiques de l'université de Dschang, vol. 1, Tome 1, 1997, p. 122s.

[207] OLINGA (A.D.), « L'exigence de la prise en compte des composantes sociologiques de la circonscription en droit électoral camerounais », *Juridis Périodique*, n°28, oct.-nov.-déc. 1996, p. 67-72 ; MOUANGUE KOBILA (J.), « Droit de la participation politique des minorités et des populations autochtones au Cameroun. L'application de l'exigence Constitutionnelle de la prise en compte des composantes sociologiques de la circonscription dans la Constitution des listes de candidats aux élections au Cameroun », *RFDC*, n° 75, 2008, p. 629-664.

préserver le genre dans un pays d'une diversité ethnique impressionnante. Sur ce point, le juge a entrepris un travail de pédagogie jurisprudentielle rappelant aux acteurs politiques l'obligatoriété du respect du pluralisme ethnique et du genre.

B - La condition de résidence effective dans le ressort régional

Au-delà de la condition d'autochtonie et de l'approche sociologique, l'exigence de résidence effective dans la région[208], imposée par l'article 220 (2) du Code électoral, est davantage problématique, en ce qu'elle intrigue. Cette condition rappelle l'exigence de résidence effective sur le territoire de la commune pour les élections municipales[209] et sur le territoire national pour les candidats à l'élection présidentielle[210]. Cette contrainte est compréhensible pour les élections municipales, car le mandat du conseiller municipal est local ; elle est également intelligible pour les élections présidentielles, le mandat du Président de la République étant nécessairement national.

Déjà, la notion de résidence effective demeure diffuse, quant à sa substance et pour ce qui est de sa durée. À ce

---

208 ATEMENGUE (J. de N.), « le régime électoral des sénateurs », in OLINGA (A. D.), (dir.), *Le Sénat au Cameroun*, Éditions CLE, Yaoundé, 2016, p. 181.

209 Article 175 du Code électoral : « (1) Peut être candidat aux élections municipales, tout citoyen camerounais... justifiant d'une résidence effective d'au moins six (6) mois sur le territoire de la commune concernée. (2) Les personnes non-résidentes peuvent être candidates si elles justifient d'un domicile d'origine dans le territoire de la commune concernée ».

210 Article 117 du Code électoral : « les candidats aux fonctions de Président de la République... doivent... justifier d'une résidence continue dans le territoire national d'au moins douze (12) mois consécutifs... ».

sujet, Jean de Noël ATEMENGUE remarque que « ce critère imprécis a servi à exclure le candidat HOGBE NLEND, professeur pendant de longues années à l'Université de Bordeaux[211] de l'élection présidentielle de 1992 ; tandis qu'il a permis de repêcher le candidat BELLO BOUBA de l'UNDP revenu au Cameroun depuis un peu plus d'un an, dans le contexte de l'élection présidentielle de 1997 »[212].

Au demeurant, cette exigence est moins compréhensible pour l'élection du Sénateur dont le mandat a une vocation nationale et, paradoxalement, plus radicale[213]. Dans le cadre d'un État unitaire, en effet, les Chambres parlementaires représentent l'identité nationale détentrice de la souveraineté de telle sorte que le Sénat ne saurait assurer que la représentation globale de l'ensemble des collectivités territoriales de la République[214].

L'obligation de résidence effective signifierait-elle que le cadre régional de l'élection du Sénateur ne détermine plus une simple circonscription électorale, un découpage purement administratif du périmètre d'exercice du droit de vote ? Le législateur a-t-il voulu, au moyen de cette obligation de résidence territoriale, arbitrer pour la nature

---

211 AP/CS arrêt n° 2/92-93/E du 1er octobre 1992, HOGBE NLEND c/ État du Cameroun.

212 ATEMENGUE (J. de N.), « le régime électoral des sénateurs », *Le Sénat au Cameroun*, sous la direction de Alain Didier OLINGA, Éditions CLE, Yaoundé, 2016, p. 183.

213 Aucune flexibilité n'est faite de cette exigence pour ce qui est du mandat Sénatorial, alors même que des aménagements sont prévus pour les candidats aux élections municipales ou présidentielles. Voir articles 175 et 117 du Code électoral, op. cit.

214 Dans ce sens, le Conseil Constitutionnel français déclare dans une décision 91-290 DC du 9 mai 1991 relative au statut de la Corse, que le Sénat assure une représentation indifférenciée de l'ensemble des collectivités territoriales, l'article 24 de la Constitution n'impliquant pas que "chaque catégorie de collectivités dispose d'une représentation propre.

régionale plutôt que nationale du mandat du Sénateur ? Il y a lieu d'en douter, car la Constitution, qui ne prévoit pas cet impératif de résidence effective, fait du Sénat une Chambre parlementaire à part entière. Dans tous les cas, on retrouve, ici, toute la problématique de la représentativité du Sénateur.

Section 2- La représentativité du Sénat

Le Sénat, selon l'article 14 de la Constitution, est une assemblée parlementaire de plein exercice, qui « légifère et contrôle l'action du Gouvernement » en concours avec l'Assemblée Nationale. Ces fonctions de législation et de contrôle relèvent de l'exercice de la souveraineté qui appartient au peuple : sénateurs et députés représentent donc le peuple, peuple qui exerce par eux sa souveraineté nationale[215].

L'article 20(1) de la Constitution ajoute cependant que : « le Sénat représente les Collectivités Territoriales Décentralisées ». Plus loin, le texte fondamental ajoute que le

---

[215] On retrouve ici la distinction entre la théorie de la souveraineté populaire et celle de la souveraineté nationale dans l'exercice du pouvoir souverain du peuple. Jean Jacques Rousseau, (*Du contrat social ou Principes du droit politique*, éd. Open Library, Fans Cartons, Amsterdam, Marc-Michel Rey, 1762), pense que chaque citoyen dispose en lui une fraction de souveraineté qu'il peut exercer directement ou par l'intermédiaire d'un représentant qui bénéficie alors d'un mandat impératif. À l'opposé, l'Abbé de SIEYES, (*Qu'est-ce que le tiers État ?* , Paris, PUF, Que sais-je, 1982), conçoit que la souveraineté réside indivisiblement dans la nation considérée comme personne morale qui l'exerce par l'intermédiaire de représentants alors tenus par un mandat dit représentatif. Sur une étude détaillée de cette distinction, voir Olivier BEAUD, « La souveraineté dans la contribution à la théorie générale de l'État de Carré de MALBERT », RDP 1994, p. 1285s ; AKONO (Chr. J.), « la souveraineté nationale appartient au peuple… », in ATANGANA AMOUGOU (J.-L.) (dir.), *La Constitution de la République du Cameroun*, L'Harmattan, 2025 p. 264 et s.

conseil régional, organe délibérant de la région, est composé des délégués des départements et des représentants du commandement traditionnel[216]. La première observation est le rattachement du commandement traditionnel à la territorialité des collectivités locales. Mais surtout, ces dispositions susurrent -elles que la seconde chambre assure une représentativité spécifique, qu'elle bénéficie d'une autre forme de légitimité démocratique qui serait adossée sur les territoires plutôt que sur le peuple ? Le constituant a-t-il voulu établir une autre forme de représentation nationale qui ne serait pas celle du peuple un et indivisible ? La représentation des Collectivités Territoriales Décentralisées signifie-t-elle autre chose que la représentation nationale et démocratique ?

Ces interrogations, source d'inquiétudes, sont nourries par une discrétion constitutionnelle, voire législative, sur le sens de cette représentation (Paragraphe 1). Cela est d'autant plus vrai que le collège électoral sénatorial n'est pas populaire, mais composé d'une élite de grands électeurs parmi lesquels les détenteurs du pouvoir traditionnel. Il se pose alors la question de savoir si la présence des chefs traditionnels dans le collège électoral sénatorial confère au mandat sénatorial une nature politique distincte de celle des autres membres du Parlement que sont les députés. Cette présence nobiliaire manifesterait -elle, alors, l'existence d'une Chambre aristocratique en République du Cameroun ? (Paragraphe 2).

[216] Article 57 (2) de la Constitution.

Paragraphe 1- Le Sénat, représentant constitutionnel des Collectivités Territoriales Décentralisées

Il faudrait s'accorder sur le sens de cette représentation qui, dans le cadre d'un État unitaire décentralisé et démocratique,[217] signifie, d'une part, que le Sénat représente le peuple par l'intermédiaire des Collectivités locales (A) et, d'autre part, qu'il représente la globalité des collectivités locales de la République (B).

A- Le Sénat, représentant du peuple par l'intermédiaire des Collectivités Territoriales Décentralisées

Il faudrait peut-être revenir à la conception fondamentale de la représentation démocratique[218] dans le cadre de l'État unitaire, afin de mieux apprchender la notion de représentation des Collectivités Territoriales Décentralisées par le Sénat introduite dans la Constitution. L'idée de la démocratie représentative[219], est que le peuple est un, indivisible et tout à la fois souveraine, incarné et représenté par la Nation ; la représentation nationale est portée par des délégués élus, porteurs d'un mandat impératif[220] ou

---

[217] La République du Cameroun est un État unitaire décentralisé, indivisible, laïque, démocratique et social.

[218] Maurice DUVERGER, « Esquisse d'une théorie de la représentation politique », *L'évolution du droit public, études offertes à Achille MESTRE*, Sirey, 1956, pp. 211-220.

[219] Sur la représentation-mandat à l'analyse des systèmes représentatifs, voir Hanna FENICHEL PITKIN, La Représentation politique, Raisons politiques 2013/2 (N° 50), pages 35 à 51, Éditions Presses de Sciences Po.

[220] Dans ce cas, le mandataire est un simple commissaire du peuple. Jean Jacques ROUSSEAU, à travers son ouvrage, *Du Contrat social,* apparaît comme le plus fervent défenseur du mandat impératif. Le mandat impératif institue une obligation, pour l'élu, d'appliquer les instructions de ses électeurs et de son parti.

représentatif[221]. Le mandat représentatif signifie que « l'élu jouit d'une indépendance absolue à l'égard de ses électeurs… les députés et les sénateurs se déterminent librement dans l'exercice de leur mandat et ne sont pas liés par les engagements qu'ils auraient pu prendre avant leur élection ni par les consignes qu'ils pourraient recevoir de leurs électeurs en cours de mandat »[222] ; dans le système représentatif, « le vote résume et épuise la mission des électeurs »[223].

Dans le cadre d'un État unitaire, les collectivités locales ne relèvent que de la simple technique d'administration du territoire, n'étant que de simples découpages administratifs dépourvus de tout attribut de souveraineté politique. Il apparaît ainsi difficile de soutenir, d'un point de vue juridique, que des entités infra-étatiques en tant que telles puissent prétendre à une quelconque représentation dans le cadre d'un État unitaire. On peut alors conclure, avec François ROBBE, que « le Sénat ne représente pas les collectivités territoriales en tant qu'organismes de droit public dotés d'une personnalité morale et d'une certaine autonomie ; il les représente avant tout en tant que collectivités humaines »[224] : le Sénat représente les

---

[221] Le mandataire, dans ce cas, dispose du pouvoir de s'affranchir de la recherche et de l'alignement permanent sur la volonté populaire au cours de l'exercice de son mandat. Les revers du mandat représentatif sont souvent tempérés parce que l'on appelle la démocratie participative : associer, à l'échelon local, l'exercice du mandat avec le recueillement de l'avis permanent de l'électeur.

[222] DUHAMEL (O.) et MENY (Y.), *Dictionnaire Constitutionnel*, PUF, Paris, 1986, pp. 619-620 ; cité par KAMTO (M.) et MOUANGUE KOBILA (J.), « Sur une question en débat : nullité du mandat impératif et déchéance des élus au Cameroun », Lex Lata, n° 32, novembre 1996, p. 10.

[223] GICQUEL (J.), Droit Constitutionnel et Institutions politiques, 10e éd., Domat, Montchrestien, Paris, 1989, p. 227.

[224] ROBBE (F.), « Le Sénat et la représentation des collectivités locales » In Civitas Europa, n° 8, mars 2002. La fonction représentative

collectivités locales non pas ès qualité de personnes morales, mais en tant que collectivités de citoyens composant le peuple. En clair, à la différence des États fédéraux où la seconde assemblée assure la représentation des entités territoriales, régionales ou fédérées, le Sénat camerounais n'assure pas la représentation du territoire face à l'Assemblée Nationale qui assure la représentation de la population ! Le dessein du constituant n'était pas de construire une « assemblée territoriale » qui côtoie une « assemblée nationale ».

L'État unitaire ne reconnaît qu'un seul souverain politique - le peuple - et un seul cadre d'exercice de cette souveraineté - le territoire national - de telle sorte qu'il devient difficile d'asseoir un système de double représentation. Le système d'administration peut se construire autour d'un État centralisé plus ou moins déconcentré ; cela ne changera pas la donne. Il en est de même pour l'État décentralisé, quand bien même les subdivisions territoriales résultant de la décentralisation bénéficieraient de formes plus ou moins généreuses d'autonomie juridique, administrative ou financière. Dans ce contexte, un régime assez délicat de bicamérisme est souvent établi à partir des différenciations sociales basées sur des groupes socioprofessionnels, des corps de métiers, des syndicats, ou inspiré par les découpages administratifs.

Dans ces conditions, les dispositions constitutionnelles qui attribuent exclusivement au peuple la souveraineté nationale et celles qui affirment la représentation des collectivités territoriales par le Sénat ne peuvent être considérées comme compatibles que si les Collectivités Territoriales Décentralisées sont appréhendées non pas comme des personnes morales de droit public jouissant

---

de la seconde Chambre dans l'état unitaire. Les exemples français et anglais. Colloque du G.R.E.P., Nancy, le 9 novembre 2001. P. 56.

d'une autonomie politique, mais comme un maillage territorial de divers groupes de citoyens à l'échelle nationale[225]. De la sorte, on pourrait soutenir que le Sénat assure la représentation nationale du peuple souverain à travers la représentation des Collectivités Territoriales Décentralisées. Il s'agit donc, dans le cadre de l'État unitaire, d'une Chambre de représentation nationale et non territoriale. Cette représentation, qui ne prend pas en compte la proportionnalité démographique, est donc nécessairement imparfaite.

Bien plus, l'unicité du peuple composant l'État simple empêche que l'on puisse envisager une représentation distincte des populations par fragments territoriaux. La représentation des Collectivités Territoriales Décentralisées par le Sénat ne saurait signifier une représentation nationale propre à ces collectivités locales, mais plutôt une modalité de représentation du peuple structurée à partir de l'organisation territoriale de la République[226]. Dès lors, l'affirmation de la représentation des Collectivités Territoriales Décentralisées par le Sénat n'est qu'un mécanisme différencié débouchant sur la représentation nationale du peuple, un mode spécifique qui permet de parvenir à la double représentation d'une identité unique : le peuple.

L'Assemblée Nationale représente alors le peuple qui la désigne directement, cependant que la seconde Chambre contribue à la représentation du même peuple par l'intermédiaire des collectivités locales. Les deux

---

[225] La Constitution, article 55 (2), ne reconnaît aux Collectivités Territoriales Décentralisées qu'une « autonomie administrative et financière pour la gestion des intérêts régionaux et locaux ».

[226] NJINGA TCHOUNGNIA (G.), « la fonction de Représentation du Sénat », in *Le Sénat au Cameroun*, sous la direction de Alain Didier OLINGA, Éditions CLE, Yaoundé, 2016 ; *le mandat des élus au Cameroun, contribution à l'étude du principe représentatif en droit public camerounais*, thèse, Université de Douala, 2012, 686 p.

Chambres du Parlement, séparément et ensemble, représentent la nation. Leurs membres exercent la souveraineté nationale[227]. L'instauration d'un Sénat appuyé sur les élus locaux ne contredit donc pas le caractère unitaire de l'État. On pourrait alors relativiser l'affirmation de Giscard NJINGA TCHOUNGNIA qui évoque l'idée d'une « exclusion du Sénat du privilège de la représentation de l'ensemble de la nation »[228].

Cette interprétation signifie que la disposition constitutionnelle relative à la représentation des Collectivités Territoriales Décentralisées n'entraîne aucune variation institutionnelle dans la vocation traditionnelle des deux assemblées : voter la loi, contrôler le Gouvernement, représenter le peuple. Tout simplement, cela fonde un mode différencié de désignation des membres composant les Chambres et influence les modalités opérationnelles de la représentation parlementaire. Cette nuance habilite la seconde Chambre à porter un regard particulier sur des problématiques concernant l'ensemble des collectivités locales de la République.

B- Le Sénat, représentant de la globalité des collectivités territoriales de la République

La disposition constitutionnelle désignant le Sénat pour assurer la représentation des Collectivités Territoriales Décentralisées semble lui confier un rôle spécifique, ce que certains ont appelé le « bonus constitutionnel »[229]. Le

---

[227] Article 2 de la Constitution.

[228] NJINGA TCHOUNGNIA (G.), « la fonction de Représentation du Sénat », in *Le Sénat au Cameroun*, sous la direction de Alain Didier OLINGA, Éditions CLE, Yaoundé, 2016, p. 33.

[229] PONCELET (C.), Allocution l'allocution prononcée par le président du Sénat au cours d'une séance du 16 octobre 2001, cité par ROBBE (F.), « La représentation des collectivités territoriales par le Sénat... »

Sénat serait alors un outil parlementaire dédié aux collectivités locales dont elle promeut et assure la défense des intérêts. Cet entendement agit sur la nature institutionnelle de la seconde Chambre et impacte sur l'exercice du mandat sénatorial.

Il serait intéressant de remarquer que le texte constitutionnel traitant de la représentation des collectivités territoriales renvoie plutôt au Sénat qu'aux sénateurs ; le constituant a soigneusement évité de stipuler que les sénateurs représentent les Collectivités Territoriales Décentralisées ou, à tout le moins, la corporation des élus locaux. Cette remarque est d'autant plus significative que l'article 15(2) de la même Constitution prévoit que « chaque Député représente l'ensemble de la Nation » ; elle soulève une problématique assez complexe, celle de l'interprétation au plan principiel du mandat public qui serait confié aux membres de la Chambre haute du Parlement.

Sans doute, l'exigence de résidence effective du candidat aux fonctions de Sénateur dans la région dont il sollicite les suffrages est une condition qui interpelle sur le sens du mandat qui en découle. Il en est également ainsi de la fixation du nombre de sénateurs sur une base exclusivement territoriale, dix (10) sénateurs par région, sans égard au poids démographique et donc du nombre de personnes garanties par la représentation sénatoriale.

Ces données engendrent des inquiétudes d'ordre épistémologique sur l'identité des sujets de la représentation sénatoriale. Elles soulèvent des interrogations de pure théorie juridique sur les tenants et les aboutissants du système représentatif en vigueur au Cameroun et, en conséquence, la consistance du mandat du Sénateur du point de vue de la représentation des

In *Annuaire des collectivités locales*, Tome 20, 2000. La réforme de l'intercommunalité, pp. 625-632.

Collectivités Territoriales Décentralisées ; elles entretiennent une crise sur l'identité politique de l'institution sénatoriale. Ces données suffisent-elles pour autant à renier au Sénat le statut d'assemblée nationale délibérante pour celui d'organe territorial ?

Du point de vue de l'identité des collectivités représentées, certains auteurs se sont appuyés sur le référent de l'article 20 (2) de la constitution qui fixe le nombre des sénateurs à dix par région pour affirmer que le Sénat serait en réalité une « Chambre des régions »[230]. Cette approche n'est cependant pas soutenable dès lors que le constituant a lui-même précisé que les Collectivités Territoriales Décentralisées sont les communes et les régions[231] ; d'autant plus que nous avons fait le constat de ce que les entités décentralisées au Cameroun ne sont que des déclinaisons du système d'administration du territoire et que les sénateurs ne représentent pas les collectivités en

---

[230] OLINGA (A. D.), *La Constitution de la République du Cameroun*, presse de l'UCAC, éd Terre Africaine, 2006, p.110 ; ABA'A OYONO (J.-C.), « libre propos sur le Sénat en droit Constitutionnel camerounais », Revue électronique Afrilex, 2015, p.18 ; cités par VOUFO (P.), « Notule sur l'appréhension Constitutionnelle des rapports entre le Sénat et les collectivités territoriales décentralisées au Cameroun » in NOUAZI KEMKENG (C. V.) et GUIMDO DONGMO (B.-R.), (dir.*), La décentralisation territoriale au Cameroun (Jeux, enjeux, nouveaux acteurs et nouveaux défis)*, L'Harmattan, 2024, p. 84.

[231] L'article 55 (1), in fine, de la Constitution précise que la loi pourrait créer d'autres types de Collectivités Territoriales Décentralisées. Dans ce cadre, l'article 240 (2) du la loi n° 2019/024 du 24 décembre 2019 portant code général des Collectivités Territoriales Décentralisées dispose que « La Communauté urbaine est une collectivité territoriale composée d'au moins deux (02) communes ». Ainsi, lors d'une communication devant la Commission des Lois Constitutionnelles de l'Assemblée Nationale, le Ministre de la Décentralisation et du Développement Local affirme qu'au 03 juillet 2025, le Cameroun compte 394 collectivités territoriales actives soit 10 Régions, 360 communes et 14 communautés urbaines.

elles-mêmes, mais les collectivités humaines composant le peuple qu'elles contiennent. Par ailleurs, embarrassé par le mode de composition de l'auguste assemblée, Giscard NJINGA TCHOUNGNIA qualifie le mandat sénatorial de mandat *sui generis*[232], « ni un mandat complètement représentatif ni un mandat populaire…, encore moins un mandat purement national ou totalement local ». Cette interprétation est moins troublante que celle contenue dans l'article 4, alinéa 3 du Règlement intérieur du Sénat de la République démocratique du Congo, qui a dégagé une formule très particulière pour un État unitaire : « le Sénateur représente sa province, mais son mandat est national ».

Tout compte fait, le Sénateur au Cameroun dispose d'un mandat représentatif qui l'affranchit des contraintes du mandat impératif. Il ne représente pas seulement ses électeurs, mais l'ensemble de la nation. Le Sénat camerounais n'est pas un Sénat fédéral ; comme toute autre assemblée parlementaire d'un État unitaire, il n'est pas un aréopage où se rencontrent les élus qui seraient des porte-paroles des collectivités locales[233] et qui viendraient alors négocier les intérêts particuliers, parfois contradictoires, voire hostiles de leurs électorats respectifs. Le Sénateur camerounais, Sénateur de l'État unitaire indivisible[234], assure la représentation globale de l'ensemble des collectivités locales, à la différence des sénateurs suisses ou américains qui assurent, chacun, la représentation

---

[232] NJINGA TCHOUNGNIA (G.), « La fonction de Représentation du Sénat », Le Sénat au Cameroun, sous la direction de Alain Didier OLINGA, Éditions CLE, Yaoundé, 2016, p. 33.

[233] La qualité d'élu local n'est pas une condition d'éligibilité au mandat de Sénateur.

[234] Article premier alinéa 2 de la Constitution.

organique d'un État[235]. Sans doute, ce Sénat ne pourrait se prévaloir d'une légitimité démocratique idéale, mais de la même force de représentation nationale : le mandat du Sénateur ne saurait porter l'étiquette d'un mandat local, ou mi-figue mi-raisin.

La Chambre haute du Parlement, au regard de son mode de composition et de ses attributs constitutionnels, est interpellée pour être particulièrement attentive aux préoccupations des collectivités territoriales. Bien que le constituant ne se soit pas manifesté outre mesure pour en faire une prérogative formalisée[236], elle devrait s'y faire en phase avec le sens de l'intérêt national. La référence constitutionnelle à la notion de représentation ne saurait signifier que le Sénat est la partie du Parlement où des entités juridiques distinctes de l'État sont représentées et où leur autonomie est défendue[237] en rupture avec l'intérêt collectif de la nation : le Sénat est une assemblée conglomérant à l'échelle nationale les intérêts divers des collectivités territoriales de la République ; il ne saurait par conséquent se constituer en syndicat des Communes et des

---

[235] Dans ce sens, ROBBE (F.), La représentation des collectivités territoriales par le Sénat : étude sur l'article 24, alinéa 3 de la Constitution française du 4 octobre 1958, Paris, L.G.D.J., 2001, p. 61. ; ZERARI (F.), l'autonomie des collectivités locales et les fondements du Conseil de la Nation en Algérie, Thèse, Bordeaux, 2017, p. 78.

[236] À titre prospectif, l'édifice établi en France serait inspirant : l'article 39 de la Constitution prévoit que « … Les projets de loi de finances et de loi de financement de la Sécurité sociale sont soumis en premier lieu à l'Assemblée nationale… les projets de loi ayant pour principal objet l'organisation des collectivités territoriales sont soumis en premier lieu au Sénat ».

[237] Pour éviter les conflits d'intérêts, les articles 204 et 311 du Code général des CTD rendent incompatibles les mandats de Maire, de Président du Conseil Régional et de Président du Conseil Exécutif régional avec celui du Sénateur.

Régions[238] face à l'État ; cela reviendrait à laisser apparaître la présence de deux entités politiques juxtaposées, rivales ou dualistes. La Chambre haute du Parlement et ses membres sont constitués pour promouvoir le rayonnement de la globalité des collectivités territoriales de la République qui incarnent le peuple entier.

Le Sénat représente donc l'ensemble des collectivités territoriales de la République et le Sénateur, à travers elles, l'ensemble de la nation au même titre que le député[239]. Les sénateurs assurent une représentation indivisible des collectivités territoriales non « au Sénat », mais « par le Sénat »[240]. Il ne saurait en être autrement dans la mesure où la souveraineté est indivisible et appartient exclusivement au peuple, de telle sorte qu'aucun groupe d'individus, encore moins les terroirs[241], ne sauraient prétendre à son exercice. Au demeurant, le principe de l'unité politique de la nation voudrait que sa volonté, toujours exclusivement générale, se forme par l'addition des volontés individuelles de tous les citoyens[242]. Pourtant, à bien voir, le Sénat semble refléter un corps intermédiaire qui jure avec les principes républicains d'unicité et d'égalité : la confrérie des chefs traditionnels.

---

[238] Selon une formule empruntée de Michel MEVA'A MEBOUTOU, Secrétaire général du Sénat ; le Sénat ne représente pas les CTD à la manière d'un syndicat.

[239] Article 15 (2) de la Constitution « Chaque député représente l'ensemble de la nation ».

[240] EKO'OAKOUAFANE (J. Cl.), *La décentralisation administrative au Cameroun*, L'Harmattan, 2009, p.201.

[241] Les terroirs en tant matière n'ont pas d'âme.

[242] Rosanvallon (P.), *Le Modèle politique français. La société civile contre le jacobinisme de 1789 à nos jours*, Paris, Seuil, 2004.

Paragraphe 2- Sénat, représentation parlementaire de la chefferie traditionnelle ?

La chefferie traditionnelle au Cameroun est réglementée par le décret n° 77/245 du 15 juillet 1977 portant organisation des chefferies traditionnelles, modifié par décret n° 2013/332 du13 septembre 2013. Dès ses premiers articles, ce texte prévoit que les « collectivités traditionnelles sont organisées en chefferies [traditionnelles] », elles-mêmes structurées sur une base territoriale en trois degrés : chefferie de premier degré, chefferie de deuxième degré et chefferie de troisième degré[243].

En fondant la chefferie traditionnelle, ou coutumière, sur la notion de territoire, le décret de 1977 en fit-elle une collectivité digne de représentation nationale ? (A) La chefferie traditionnelle dont les membres sont présents au sein des Collectivités Territoriales Décentralisées bénéficie-t-elle de la représentation constitutionnelle prévue pour ces entités ou devrait-elle prétendre à une représentation autonome ? Quel sens donné à la présence des chefs traditionnels et dont de la chefferie traditionnelle au Sénat ? La Chambre haute du Parlement serait-elle, en réalité, une Chambre aristocratique dans un contexte républicain ? (B)

A- La problématique d'une représentation nationale de la chefferie traditionnelle

La première difficulté qu'il y a à envisager une représentation parlementaire de la chefferie traditionnelle

---

[243] Selon la nomenclature officielle établie en novembre 2015 par le Ministère de l'Administration territoriale et de la Décentralisation, le Cameroun compte 79 chefferies de 1er degré, 897 chefferies de 2e degré et 12582 chefferies de 3e degré.

est celle de son identité. La seconde tient à son positionnement dans l'architecture institutionnelle du pays.

La chefferie traditionnelle est-elle une personne morale de droit public ? Une structure décentralisée ou une sphère de déconcentration administrative ? La législation n'est pas très claire, à ce sujet[244]. Elle précise que la chefferie traditionnelle est placée sous l'autorité d'un Chef, assisté d'un conseil de notables, et ajoute que le Chef est un auxiliaire de l'administration assujetti aux fonctions bien définies et qui bénéficie d'une allocation mensuelle.

Une chose est sûre, la chefferie traditionnelle est évoquée par la Constitution, qui n'en fait cependant pas un organe constitutionnel. Elle relève d'un acte réglementaire[245] qui l'organise en corps intermédiaire, celui des chefs traditionnels structurés en degrés délimités dans le cadre des circonscriptions territoriales. Le constituant de 1996, qui s'en est particulièrement saisi, lui a façonné une représentation, régionale dans un premier temps et, plus subtilement, nationale[246]. C'est sans doute dans un souci de

---

[244] NACH BACK (Ch.), Chefferies traditionnelles au Cameroun : ambiguïtés juridiques et dérives politiques », Africa Developpement, vol. XXV, N° 3 et 4, 2000, p. 81 ; VAUGHN (O.), « Les chefs traditionnels face au pouvoir politique », Politiques Africaines, 1988, p. 44s ; http:/www.politique-africaine.com/numeros/pdf/032044.pdf, cité par NGAH (A.M.), « Chefferie traditionnelle et décentralisation au Cameroun : réflexion sur le rôle paradoxal d'une institution complexe », in NOUAZI KEMKENG (C. V.) et GUIMDO DONGMO (B.-R.) (dir.*), La décentralisation territoriale au Cameroun (Jeux, enjeux, nouveaux acteurs et nouveaux défis),* Préface Joseph OWONA, L'Harmattan, 2024.

[245] Décret n° 77/245 du 15 juillet 1977 portant organisation des chefferies traditionnelles, modifié par décret n° 2013/332 du13 septembre 2013

[246] Selon Guy TSALA NDZOMO, Président du Conseil national des chefs traditionnels du Cameroun, Association créée en 2010, l'idée originelle était de construire une Chambre nationale dédiée à la

promotion de la chefferie traditionnelle que l'article 57 de la Constitution prévoit deux catégories de conseillers à l'échelle régionale : les délégués des départements élus au suffrage universel indirect et les représentants du commandement traditionnel élus par leurs pairs.

Le système électoral mis en place par le Code électoral s'inscrit dans la veine de cette prescription constitutionnelle. Ainsi, au conseil régional, les délégués des départements représentent les conseillers municipaux désignés au suffrage universel direct pendant que les chefs traditionnels représentent leurs pairs choisis autrement que par les voix du suffrage universel. En raison du statut spécial des Régions du Nord-Ouest et du Sud-Ouest, les représentants du commandement traditionnel siègent en Chambre séparée, à la *House of Chiefs,* deuxième Chambre de l'Assemblée régionale d'ossature bicamérale[247]. Cette forme de Chambre réservée à la notabilité régionale, réminiscence de l'histoire coloniale de cette partie du territoire, ressemble à la figure originelle du Parlement anglais exclusivement composé de personnalités provenant des hautes classes sociales : la noblesse, le clergé, etc.

On s'aperçoit qu'une partie des conseillers régionaux, les représentants du commandement traditionnel, appelés à désigner les membres de la seconde Chambre du Parlement, procèdent d'un choix seigneurial, aristocratique, en tout cas différent de la voie du suffrage universel[248]. C'est ici que se

représentation des chefferies traditionnelles, sur le modèle de la house of Chiefs en place dans les régions du Nord-Ouest et du Sud-Ouest.

[247] Article 332 du Code général des CTD.

[248] Voir, Décret n° 77/245 du 15 juillet 1977 portant organisation des chefferies traditionnelles, modifié par Décret n° 2013/332 du13 septembre 2013 : les chefs traditionnels, choisis au sein des familles appelées à exercer le commandement traditionnel (art.8), sont désignés par l'autorité administrative (art 15), après consultation de la notabilité coutumière (art.11) composée de princes de sang et de notables cooptés.

dissimule une certaine résistance patricienne dans l'ordre politique camerounais, qui contrevient au principe d'égalité des citoyens et à la souveraineté populaire, deux principes posés par la même constitution[249].

En effet, d'une part, la désignation de certains conseillers régionaux par les chefs traditionnels, eux-mêmes dépourvus de mandat populaire, est un hiatus démocratique qui jure avec le principe d'égalité des citoyens devant les suffrages. Ces conseillers régionaux font pourtant partie du corps électoral habilité à désigner des sénateurs qui disposent d'un mandat de représentation nationale. D'autre part, Le principe d'une représentation nationale de la chefferie traditionnelle est source de malaise dans un contexte démocratique qui voudrait que la souveraineté demeure l'apanage du peuple et qu'aucun corps intermédiaire ni groupe social ne puisse prétendre à son exercice. L'article 2(2) de la Constitution, *in fine,* prévoit néanmoins la possibilité d'un régime dérogatoire qui semble autoriser l'institutionnalisation d'une Chambre composée de groupes particuliers que la société juge digne de représentation parlementaire. La possibilité d'une représentation nationale de la chefferie traditionnelle[250] trouverait son ancrage constitutionnel dans cette disposition.

---

[249] Notamment l'article 2 de la Constitution ainsi libellé : « (1) - La souveraineté nationale appartient au peuple camerounais qui l'exerce soit par l'intermédiaire du Président de la République et des membres du Parlement, soit par voie de referendum. Aucune fraction du peuple ni aucun individu ne peut s'en attribuer l'exercice. (2) -Les autorités chargées de diriger l'État tiennent leurs pouvoirs du peuple par voie d'élections au suffrage universel direct ou indirect, sauf dispositions contraires de la présente Constitution… » Dans ce sens, Conseil Constitutionnel français, Décision n° 2000-431 DC du 6 juillet 2000.

[250] Une association nationale des chefs traditionnels, purement de droit privé, a été mise en place.

Toutefois, cette option demeure sibylline, voire débridée, car aucun Sénateur n'est nommé ou élu ès qualité de chef traditionnel et que tous sont présentés sous des bannières partisanes[251]. À l'évidence, cet étiquetage politique ne paraît pas commode au regard de la vocation de la chefferie traditionnelle à la réserve et la neutralité politique, attributs de sa crédibilité et gage de sa pérennité. Il est également porteur d'une ambiguïté statutaire sur le destin du Sénat, ce qui entretient des tiraillements sur son positionnement institutionnel, plus précisément l'emplacement de la seconde Chambre dans le dispositif du pouvoir législatif : en tant qu'assemblée parlementaire, le Sénat devrait-il se concevoir comme une remorque de la première Chambre ou plutôt comme une Institution prééminente ?

La problématique contient aussi bien des questionnements sur le système de distribution des prérogatives parlementaires que sur le régime de structuration protocolaire[252] et la préséance entre les deux Chambres[253]. Certes, pendant les cérémonies officielles, préséance est reconnue au Président du Sénat et aux sénateurs respectivement devant le Président de l'Assemblée Nationale et les députés[254], mais cette configuration ne

---

[251] L'article 3 de la Constitution dispose que : « les partis et formations politiques concourent à l'expression du suffrage… ». Au Sénat, tous les sénateurs sont incardinés dans les groupes politiques ou étiquetés suivant la logique des partis.

[252] Le Décret n° 76/424 du 16 septembre 1976 fixant les règles du protocole à observer en matière de cérémonies publiques, préséances, honneurs civils et militaires a été pris avant la mise en place du Sénat intervenue en 2013.

[253] AKONO (Chr. J.), « Le Sénat dans le protocole de la République », in OLINGA (A. D.), (dir.), *Le Sénat au Cameroun. Regards croisés sur une nouvelle institution,* éd. CLE, Yaoundé, 2016, p. 273s.

[254] Sans une codification formelle, l'observation pratique révèle que l'ordre de préséance au Cameroun est le suivant : Président de la

clarifie pas le régime de préséance[255] entre les deux organes parlementaires[256], d'autant plus que le Président du Sénat, qui assure l'intérim de la vacance à la tête de l'État[257], apparaît comme le deuxième personnage de l'État, cependant que le Président de l'Assemblée Nationale préside les deux Chambres réunies en congrès[258].

Tout compte fait, l'établissement formel d'une Chambre de représentation nationale de la chefferie traditionnelle ne manque pas de justifications : le poids de la tradition, la consolidation de l'unité nationale, l'orientation technique de la seconde Chambre, la recherche d'une plus grande efficacité de l'action parlementaire sont autant d'éléments pouvant motiver une restructuration de l'architecture institutionnelle du Parlement. Les Camerounais se retrouveront sans aucun doute dans une assemblée de chefs traditionnels qui promeut les valeurs culturelles de la nation, cadre de concertation institutionnelle entre ces forces vives de la nation, creuset de rencontres favorables à une symphonie des cultures, au renforcement de l'intégration nationale et à la cohésion sociale. Il en est ainsi parce que la chefferie traditionnelle est perçue comme

---

République, Président du Sénat, Président de l'Assemblée nationale, Premier Ministre - Chef du Gouvernement, Président du Conseil Économique et Social, Président du Conseil Constitution nel, Président de la Cour Suprême. Voir aussi, NJILIE (D.), *Le protocole dans la République*, L'Harmattan, 2008, 214 p.

[255] Le Décret n° 76/424 du 16 septembre 1976 fixant les règles du protocole à observer en matière de cérémonies publiques, préséances, honneurs civils et militaires a été pris avant la mise en place du Sénat intervenue en 2013.

[256] AKONO (Chr. J.), « Le Sénat dans le protocole de la République », in OLINGA (A. D.), (dir.), *Le Sénat au Cameroun. Regards croisés sur une nouvelle institution*, éd. CLE, Yaoundé, 2016, p. 273s.

[257] Article 6(4) de la Constitution et 142 du Code électoral.

[258] Loi n° 2014/017 du 9 septembre 2014, Article 7(1) : « Le Président de l'Assemblée Nationale préside les travaux du Congrès. Il assure la police des délibérations… ».

« une organisation sociale qui fonctionne selon les coutumes, les traditions, et les mœurs d'une communauté donnée. Elle est relativement autonome et se caractérise par le très fort sentiment d'appartenance de ses membres à une même identité sociologique, historique et culturelle »[259].

Étendre au plan national un système bicaméral actuellement limité à deux régions ne contribuerait qu'à renforcer le sentiment d'appartenance à une même nation et solidifier en conséquence l'ossature de l'identité nationale. La Chambre des chefs traditionnels pourrait alors, avec beaucoup de bonheur, comprendre d'autres groupes sociaux suffisamment représentatifs[260].

Le cas britannique est typique d'un royaume démocratique dont le Parlement bicaméral comprend une Chambre composée de Lords désignés par suffrages et par cooptation. Bien sûr, ce système de la monarchie représentative[261] fait

---

[259] NGONO TSIMI (L.), L'autonomie administrative et financière des collectivités décentralisées : l'exemple du Cameroun, Thèse, Paris-Est, 2010, p. 37, cité par cité par NGAH (A.M.), « Chefferie traditionnelle et décentralisation au Cameroun : réflexion sur le rôle paradoxal d'une institution complexe », in NOUAZI KEMKENG (C. V.) et GUIMDO DONGMO (B.-R.) (dir.*), La décentralisation territoriale au Cameroun (Jeux, enjeux, nouveaux acteurs et nouveaux défis),* Préface Joseph OWONA, L'Harmattan, 2024.

[260] L'expérience ne serait pas unique en son genre. La Slovénie fournit l'exemple d'une Chambre qui permet la représentation des collectivités locales en même temps que celle des employeurs, des salariés, des activités artisanales, agricoles et libérales et des activités non économiques[260]. La fédération des Émirats arabes unis, la Malaisie, le Royaume-Uni et bien d'autres offrent des exemples de chambres à tendance monarchique.

[261] L'expression est empruntée à Philippe LAUVAUX, « les monarchies : inventaire des types », Revue Pouvoirs, n° 78 - Les monarchies - septembre 1996 - pp.23-41.

l'objet de réformes croissantes[262] sous l'effet des critiques pressantes exigeant un potentiel maximal de représentativité.

Au Cameroun, un bicamérisme fédérant la représentativité territoriale avec la représentativité nobiliaire et élitiste aurait le temps de jouer sa partition avant d'évoluer, s'il le faut, vers un système complètement populaire[263]. Malgré tout, il ne faudrait pas perdre de vue que les chefs traditionnels se sont établis sur des territoires conquis par la ruse ou par la force. De la sorte, la représentation de la chefferie traditionnelle apparaîtrait comme une représentation monarchique, source de tensions entre la légitimité nobiliaire et de la représentativité républicaine.

B- Le Sénat, Chambre aristocratique en République ?

Il est tout à fait évident que le Sénat ne représente pas seulement les Collectivités Territoriales Décentralisées, parce que les collectivités locales ne méritent pas une représentation par elles-mêmes, mais aussi parce que la composition de la Chambre n'est pas l'émanation exclusive des conseillers locaux. La seconde Chambre camerounaise reflète une population hétérogène où le citoyen ordinaire côtoie la notabilité traditionnelle.

---

[262] Les points marquants sont notamment : la suppression de son droit d'initiative pour les lois financières et budgétaires, la limitation de son veto suspensif à un an par les Parliament Acts de 1911 et 1949, les restrictions apportées à la paierie héréditaire par la House of Lords Act de 1999 et le transfert à la Cour suprême, suivant Constitutional Reform Act de 2005, des compétences judiciaires autrefois exercées par les Law lords.

[263] Le modèle suédois pourrait constituer une source d'inspiration de ce point de vue. Pendant des siècles, en effet, le Riksdag était bicaméral, mais axé sur la représentation des quatre « états » de la société – noblesse, clergé, bourgeoisie et paysannerie. C'est depuis 1971 que ce parlement est composé de 349 députés élus directement par la population.

Les membres de la Chambre sont des représentants des partis politiques au sein desquels ils sont incardinés, inscrits dans les groupes politiques correspondants[264] et encartés au sein de l'institution, suivant un régime défini par les articles 23 et suivants du Règlement intérieur de la haute Assemblée. De ce fait, ils défendent un programme d'action politique qui traduit l'influence des partis politiques au Parlement. Il en est ainsi des sénateurs élus comme de ceux nommés[265], y compris les chefs traditionnels. Peut-on en conclure que les chefs traditionnels ne siègent pas à la Chambre haute en qualité de délégués du commandement traditionnels ? Rien n'est moins sûr. Déjà, Alain Didier OLINGA signale que, dans le projet initial, l'article 19, alinéa 1 de la Constitution était ainsi libellé : « le Sénat représente les Collectivités Territoriales Décentralisées, les chefferies traditionnelles et les grandes catégories socioéconomiques et culturelles de la nation »[266]. À l'arrivée, seule la représentation des collectivités locales est affichée ; on note cependant que la proportion des chefs traditionnels qui siègent au sein de la Chambre est particulièrement significative[267], qu'ils soient cooptés par le Président de la République en vertu de ses prérogatives constitutionnelles ou élus par les élus locaux sur des listes présentées par des partis politiques.

---

[264] AKONO EVANG (S. P.), « les groupes politiques au Sénat », in OLINGA (A. D.) (dir.), *Le Sénat au Cameroun,* éd. CLE, Yaoundé, 2016, p. 155 s.

[265] Malgré que les actes successifs de nomination des sénateurs ne précisent pas leurs appartenances politiques ; voir, Décret n° 2018/242 du 12 avril 2018 portant nomination de Sénateurs, Décret n° 2023/188 du 31 mars 2023 portant nomination de Sénateurs

[266] OLINGA (A.D.), « esquisse provisoire d'une histoire de la naissance du Sénat » in *Le Sénat au Cameroun*, éd. CLE, Yaoundé, 2016, p. 7s.

[267] Depuis la mise en place du Sénat, environ vingt pour cent de ses membres sont des chefs traditionnels ; Ils sont au nombre de dix-sept au titre de la législature 2018-2023, en cours.

En réalité, la politisation de la chefferie traditionnelle n'est pas récente : À l'époque coloniale, les puissances occupantes se sont régulièrement appuyées sur la chefferie traditionnelle pour asseoir leur domination. Cette connivence s'est poursuivie après l'indépendance, les nouvelles autorités ne ménageant pas d'effort pour s'assurer la loyauté et le soutien des chefs traditionnels. C'est ainsi que ceux-ci étaient membres de droit du bureau local du parti présidentiel. La réforme constitutionnelle de 1996 et la loi portant Code électoral de 2012 marquent un tournant décisif, avec le pouvoir de parrainage reconnu aux chefs traditionnels de premier degré à l'occasion des élections présidentielles[268] et, surtout, la réhabilitation de la *House of chiefs* dans deux régions du pays. Malgré ses pouvoirs étriqués, avis conformes sur les questions relatives au statut de la chefferie traditionnelle ainsi que des problématiques d'ordre culturel ou traditionnel, la chambre des chefs traditionnels est un indicateur de la nécessité d'un re-façonnement national des réalités coutumières.

Cette reconnaissance politique a été complétée avec l'organisation d'un système de scrutin réservé à ces dignitaires traditionnels qui, à l'occasion de l'élection des conseillers régionaux, composent un électorat particulier devant lequel ils sont seuls éligibles[269]. Il est donc clair, désormais, que le chef traditionnel n'est plus seulement un auxiliaire de l'administration, un relai administratif ; la

---

[268] Article 121 du Code électoral : « Les candidats peuvent être :
- soit investis par un parti politique ;
- soit indépendants, à condition d'être présentés comme candidat à l'élection du Président de la République par au moins trois cents (300) personnalités originaires de toutes les Régions, à raison de trente (30) par Région et possédant la qualité soit de membre du Parlement ou d'une Chambre Consulaire, soit de Conseiller Régional ou de Conseiller Municipal, soit de Chef Traditionnel de premier degré… ».

[269] Article 248 du Code électoral.

chefferie traditionnelle et son chef se retrouvent politiquement marqués.

La plupart d'entre eux militent au sein des partis politiques qui les investissent pour la conquête des mandats politiques, dont celui de Sénateur. L'autorité traditionnelle peut ainsi compétir en tant que notabilité coutumière locale sans pour autant perdre ses droits électoraux de citoyen ordinaire. On pourrait y déceler deux menaces : l'une sur l'honorabilité de l'institution traditionnelle, l'autre sur la crédibilité du système démocratique. L'ancrage partisan des chefs traditionnels fait courir, d'une part, le risque de sacrifier les valeurs traditionnelles à l'autel des ambitions personnelles de certains dignitaires[270] et, d'autre part, la présence des chefs traditionnels dans les collèges électoraux des sénatoriales le risque de vote plural[271] ou d'inhibition du droit de vote, à cause du double collège dans la désignation des conseillers régionaux, ce qui est traditionnellement considéré comme une rupture du principe constitutionnel d'égalité devant les suffrages.

La présence remarquable de la chefferie traditionnelle au Sénat interroge sur la nature aristocratique de cette Chambre et, partant, sur sa portée démocratique dans un ordre républicain. Le Sénat républicain serait-il, en réalité, à la fois représentant des collectivités territoriales et représentant d'une collectivité de privilégiés dénommée

---

[270] SOCKENG DONFACK (L.), « Existe-t-il une identité démocratique camerounaise ? La spécificité camerounaise à l'épreuve de l'universalité des droits fondamentaux », in www.polis.sciencespobordeaux.fr/vol 1ns/article3.htlm, cité par MBEYAP KUTNJEM (A.), « la nomination des sénateurs », in *Le Sénat au Cameroun*, Sous la direction de Alain Didier OLINGA, Ed. CLE, Yaoundé, 2016, p. 212.

[271] Pour pallier ces risques, l'article 248 (3 du Code électoral dispose que : « les chefs traditionnels justifiant de la qualité de conseiller municipal ne peuvent exprimer leur suffrage que dans un seul collège électoral ».

chefferie traditionnelle ? Le Sénat camerounais n'est certainement pas une assemblée populaire. S'agit-il pour autant d'une Chambre des lords à la camerounaise, une assemblée représentant un corps social intermédiaire ?

La constitution la proclame représentante des Collectivités Territoriales Décentralisées, le processus électoral révèle une représentation obreptice du commandement traditionnel. Bernard MOMO l'affirme expressément : « *le Sénat camerounais combine les caractéristiques de chambre haute aristocratique et chambre haute démocratique. Les chambres hautes aristocratiques ou conservatrices sont destinées à permettre la survivance d'une classe, celles des Lords en Grande-Bretagne et celles des chefs traditionnels au Cameroun. Les secondes chambres sont des chambres hautes élues généralement au suffrage indirect* ».[272]

La représentation cheffale, bien qu'occultée, traduit une volonté de contextualisation de la démocratie en Afrique. Elle révèle l'existence d'une identité démocratique africaine, plus ou moins ancienne. Il s'agit d'un point de rencontre entre le modèle de représentation communautaire, clanique ou tribale avec le système de représentation nationale. Cette révélation signifie que, sous le prisme de la démocratie républicaine, la Chambre est porteuse d'au moins trois faiblesses : elle prétend représenter des collectivités locales sans vocation représentative, car dépourvues de légitimité politique ; elle ouvre une voie de représentation aristocratique, voire oligarchique, qui obéit à régime de dévolution héréditaire ou de cooptation ; elle rompt avec le principe d'égalité des citoyens devant les suffrages en constituant un électorat de privilégiés.

Pourtant, en indiquant que le Sénat représente les collectivités locales, le constituant avait l'ambition de

---

[272] MOMO (B.), « Le parlement camerounais », Lex Lata, n° 2, mars 1996, p.21.

construire un bicamérisme territorial par la forme, mais populaire au fond, d'établir une Chambre parlementaire moderne et de se démarquer de l'orthodoxie bicamérale ancienne. Le dessein, semble-t-il, n'était donc pas, à priori, d'établir une « chambre aristocratique » face à une « chambre du peuple ». Le système en place présente deux chambres qui coopèrent, mais qui sont autonomes[273], à telle enseigne qu'il devient problématique de parler de Chambre haute et de Chambre basse, distinction qui repose sur un bicamérisme aristocratique, conservateur et passéiste.

On découvre cependant un modèle camerounais qui agrège les méthodes coutumières de dévolution du pouvoir avec le système démocratique, qui s'appuie essentiellement sur les suffrages. On s'aperçoit que la double influence française et anglaise a généré une forme originale de Chambre parlementaire et partant, de bicamérisme. Se présente ainsi une seconde Chambre qui assure une représentativité territoriale par sa rigidité régionale et, discrètement, nobiliaire. Il devient alors tangible que le Sénat camerounais présente de sobres éléments d'une Chambre haute[274] devant l'Assemblée Nationale, qui serait alors la Chambre basse, au regard du processus de désignation de ses membres, élus par l'élite politique parfois tirée de la notabilité locale[275], et du profil des

---

[273] Il s'agit davantage de l'autonomie administrative et financière que fonctionnelle. Voir, à ce sujet, Bernard Momo, « Le Parlement camerounais », Lex Lata n°s 023-024, mars 1996, p. 22.

[274] L'expression ''Chambre Haute'' est consacrée par la littérature administrative au sein du Sénat.

[275] Les sénateurs sont élus par un collège de grands électeurs, composé des élus locaux et des représentants des chefs traditionnels ; ceux nommés sont désignés par décret du Président de la République, autorité investie d'un mandat de représentation nationale.

sénateurs soumis à une condition d'âge plus exigeante que les députés[276].

C'est donc une Chambre aux relents aristocratiques qui demande à s'affirmer ou se délier de cette pesanteur. Dans ce dernier cas, elle chercherait à s'arrimer parfaitement sur le modèle républicain et démocratique, consacrant un bicamérisme avec une seconde Chambre fondée sur une légitimité appropriée. Dans la première hypothèse, elle essaierait de s'approprier l'histoire du pays et de s'adapter aux contingences de l'environnement actuel.

On en vient à se demander s'il ne faudrait pas inventer un nouveau modèle de légitimité démocratique qui serait adapté à l'environnement africain. En effet, des auteurs, à l'instar de **Bernard Manin** [277]ont pu qualifier le régime représentatif de mixte comportant à la fois des éléments démocratiques et des éléments aristocratiques. La nouvelle modélisation s'appuierait sur des outils éprouvés, mais aussi sur des données innovantes. On réformerait ainsi la démocratie représentative en fécondant les valeurs africaines avec celles reçues au contact d'autres civilisations pour aboutir à une forme nouvelle d'alliance de la démocratie élective et de la légitimité coutumière. La Chambre des collectivités territoriales, réceptacle de ce nouveau mélange, porterait fièrement les attributs de Chambre des collectivités territoriales et des valeurs coutumières. Ses critères de performances, son mode

---

[276] L'article 156 du Code électoral prévoit que tout candidat aux élections des députés à l'Assemblée Nationale doit être âgé de vingt-trois (23) ans révolus à la date du scrutin, cependant que l'article 220 du même code dispose : « les candidats à la fonction de sénateurs, ainsi que les personnalités nommées à ladite fonction doivent avoir quarante (40) ans révolus à la date de l'élection ou de la nomination ».

[277] MANIN B., *Principes du Gouvernement représentatif*, Flammarion, Paris, 1995.

d'organisation et de déploiement seraient alors inspirés de cette nouvelle donne.

Chapitre 2

Sénat, caution parlementaire de la décentralisation territoriale

La décentralisation est avant tout une mesure utilisée pour améliorer les prestations du service public dans bon nombre de pays. En Afrique, elle est apparue comme une réponse aux limites de l'État jacobin post-colonial, obligeant l'ordre gouvernant à élaborer de nouvelles orientations politiques suffisamment ouvertes aux dynamiques de la périphérie. La décentralisation apparaît ainsi, principalement, d'obédience territoriale, se révélant comme une problématique de développement mais aussi de libertés : libertés des collectivités territoriales, libertés des populations et contrôle de la gouvernance locale.

Ce renouveau dans le système d'administration des territoires s'est accompagné de la restructuration des formes de représentation parlementaire, avec un regain du bicaméralisme. En effet, tout autant que dans le cadre d'une fédération, l'État décentralisé a besoin d'une seconde Chambre parlementaire pour assurer le dialogue entre le centre et la périphérie. La décentralisation postule donc, en quelque sorte, le bicamérisme qui, en retour, la porte et la nourrit : décentralisation et bicamérisme sont donc particulièrement liés et le Sénat, garant du bicamérisme, ne tient sa place qu'en contribuant à la promotion de la décentralisation. C'est pour cela que Alain POHER disait que : « *la décentralisation et le Sénat sont indissociables. Par vocation, le Sénat, chargé par la Constitution d'assurer la représentation des collectivités territoriales de la*

République, se devait d'animer cette longue marche qui a abouti à la décentralisation actuelle »[278]. Dans une intervention consignée au magazine d'informations du Sénat, M. Roger MBASSA NDINE, ancien Sénateur et Maire de la ville de Douala, relève que : *« le Sénat est le porte-voix des Collectivités Territoriales Décentralisées... une collaboration étroite entre le Sénat et les Collectivités Territoriales Décentralisées est nécessaire et utile pour la bonne mise en place de la décentralisation voulue par le Chef de l'État, Son Excellence Paul BIYA »*[279].

La décentralisation fait son apparition au Cameroun avec la Constitution du 04 mars 1960, qui établit un Parlement monocaméral[280]. Son destin sera ensuite lié à celui des évolutions structurelles du jeune État indépendant : elle disparaîtra avec l'avènement de l'État fédéral entre 1961 et 1972, avant de réapparaître sous une forme mitigée avec l'unification intervenue en 1972. C'est la loi constitutionnelle du 18 janvier 1996 qui relance véritablement le système en instaurant une « décentralisation administrative et semi-politique »[281] basée sur deux formes de collectivités territoriales d'égale dignité : la commune et la région[282]. La constitution de 1996 déclare solennellement que « la

---

[278] POHER (A.), Avant-propos de la thèse de M. Alain DELCAMP, *Le Sénat et la décentralisation*, Economica, Paris, 1991, p. 5.

[279] Senate Update, Mars 2024, p. 47.

[280] EKO'O AKOUAFANE (J-C.), *La décentralisation administrative au Cameroun*, L'Harmattan, 2009, préface Maurice KAMTO, p.9.

[281] KAMTO (M.), *ibid.*

[282] NOUAZI KEMKENG (C.V.), « Le cadre juridique de la décentralisation au Cameroun », in Alawadi Zelao (dir.), *Décentraliser au Cameroun. Dynamiques institutionnelles et logiques des acteurs,* Harmattan Paris, Collection Études africaines, octobre 2018, pp. 129-149 ; GUIMDO DONGMO (B.-R.), « Constitution et décentralisation au Cameroun depuis la réforme Constitutionnelle du 18 janvier 1996 », *Revue Juridique et Politique des États francophones* n° 2, 2005, p. 205s.

République du Cameroun est un État unitaire décentralisé »[283] et consacre une série de dispositions aux Collectivités Territoriales Décentralisées[284].

Il ne faudrait cependant pas confondre décentralisation et collectivités territoriales. La décentralisation est le système qui permet aux enclaves territoriales de bénéficier des autonomies locales : « *elle consiste pour le pouvoir central à conférer à des collectivités locales, dotées de la personnalité juridique et de l'autonomie de gestion, un certain nombre de responsabilités assorties de ressources conséquentes, pour permettre la satisfaction des besoins des populations à la base* »[285]. La décentralisation donne du sens aux collectivités territoriales qui demeurent des structures administratives. Cette impulsion peut se limiter aux diligences administratives ou engendrer un véritable centre d'impulsion politique au niveau local, débouchant alors sur ce que Charles NACH MBACH[286] appelle décentralisation dévolutive, ou dévolution, qu'il distingue de la décentralisation administrative, ou délégation, suivant une typification[287] qui confronte une conception française ancienne de l'approche anglo-saxonne.

---

283 Article premier, alinéa 2.

284 Titre X, articles 55 à 62.

285 ELANGA OBAM (G.), Exposé du Ministre de la Décentralisation et du Développement Local en séance spéciale de la Commission des Lois Constitutionnelles de l'Assemblée Nationale, Yaoundé, 03 juillet 2025.

286 NACH MBACH (Ch.), Preface, in ZELAO (A.) (dir.), *Décentraliser au Cameroun : dynamiques institutionnelles et logiques des acteurs,* L'Harmattan, 2018, préface, p.9.

287 KY (A.), *L'économie politique de la décentralisation en Afrique (les défis actuels du Burkina-Faso),* préface Bernard DAFFLON, L'Harmattan, 2020, p. 38 et s., propose une typologie similaire qui distingue la décentralisation politique qui confère aux citoyens locaux et à leurs représentants d'importants pouvoirs de décision en matière d'élaboration de politiques et législations, établissant un pluralisme politique, de la décentralisation administrative qui vise à répartir les

La décentralisation administrative est une concession de l'État central qui transfère certaines compétences aux collectivités territoriales, personnes publiques auxquelles il confère alors un certain pouvoir de décision pour des affaires de proximité. Par ce mécanisme, les collectivités locales sont insérées dans le système de l'administration territoriale, faisant alors cohabiter autorités locales et autorités déconcentrées. Dans cet ordre architectural que Jacques BRAIBANT a qualifié de « décentration »[288], la déconcentration côtoie la décentralisation et l'assujettit en quelque sorte.

La décentralisation dévolutive obéit à une logique différente. Elle relève plus d'un mode d'organisation politique du territoire que d'une simple modalité d'administration de l'État. Elle est parfois qualifiée de « décentralisation constitutionnelle » parce qu'au-delà d'une simple déclamation, la loi fondamentale la structure et définit ses ressorts de manière plus ou moins détaillée. Ici, la périphérie impulse et cadence une vie politique parfois endogène, se traduisant par une réelle personnification de la structure territoriale et la reconnaissance d'un véritable pouvoir exécutif local pour la gestion des compétences de proximité : l'autonomie administrative et financière des collectivités est une réalité normative et concrète, forte, révélant une certaine forme de régionalisme, voire de fédéralisme. Dans ce contexte, la décentralisation se conjugue avec démocratie et libertés locales, sous le contrôle du juge. Cette forme de

---

pouvoirs, les responsabilités et les ressources entre divers paliers de gouvernement à l'intérieur d'un territoire géographique et politique déterminé.

[288] BRAIBANT (J.), cité par Jacques CHEVALIER, Science administrative, PUF, 1986, p. 372, cité par Jean-Claude EKO'O AKOUAFANE, *La décentralisation administrative au Cameroun*, L'Harmattan, 2009, p. 93.

décentralisation tend à une évanescence du couple déconcentration-décentralisation, voire provoquer un basculement des administrations déconcentrées qui seraient alors placées sous l'autorité des administrations locales.

Dans tous les cas, le mode d'édification des institutions de périphérie, la désignation de leurs organes, la nature des rapports entre les autorités du pouvoir central et celles issues de décentralisation, sont autant d'éléments qui distinguent la « décentralisation préfectorale »[289] de la décentralisation dévolutive. La décentralisation « préfectorale » se caractérise par la prégnance du pouvoir de tutelle et une forte emprise des autorités du pouvoir central sur les organes décentralisés. La décentralisation dévolutive se meut dans un vaste mouvement de libertés et d'autonomies locales : liberté de choisir ses dirigeants, droit à l'information sur la conduite des affaires locales, droit de censure, autonomies administrative et financière.

Tout compte fait, décentralisation administrative et décentralisation dite dévolutive ne sont pas antinomiques, les deux systèmes ayant en partage, à des degrés divers, un certain nombre d'attributs au rang desquels le principe électif, la participation, les libertés et des autonomies.

Au Cameroun, comme dans la plupart des États africains, la décentralisation est d'essence administrative,[290] mais évolutive. Il s'agit d'une inflexion stratégique du modèle jacobin de gouvernance devenu inadapté par l'effet des conjonctures politiques et sociales. L'enjeu pour le nouveau modèle étant alors d'offrir davantage de gages de démocratie, de libertés et de développement. Le chantier initié s'est davantage édifié dans la Constitution révisée ; il demeure en construction et nécessite une mobilisation des

---

289 NACH MBACH (Ch.), *id.*, *ibid.*

290 EKO'O AKOUAFANE (J.Cl.), *La décentralisation administrative au Cameroun*, L'Harmattan, 2009.

principales institutions de management public au centre desquelles le Parlement.

Au Parlement bicaméral, le Sénat représente la nation par l'intermédiaire des Collectivités Territoriales Décentralisées. C'est la décentralisation qui donne naissance aux Collectivités Territoriales Décentralisées [291] : la décentralisation et les Collectivités Territoriales Décentralisées sont donc intrinsèquement liées. À partir de là, l'institution représentative des collectivités locales se retrouve à remonter aux problématiques de décentralisation. La représentation des Collectivités Territoriales Décentralisées ne serait donc plus une simple question de droit électoral, justifiant le mode de désignation des sénateurs ; elle induit un mode de déploiement sénatorial nécessairement axé sur la promotion de la décentralisation et les effets subséquents.

Le Sénat et les sénateurs ont de ce fait une vocation particulière pour les problématiques en lien avec la décentralisation, la gouvernance des territoires et le développement local. Ainsi, le Sénat, dont la légitimité démocratique est constamment contestée, pourrait faire preuve de sa légitimité fonctionnelle[292] : le déficit de représentation populaire pourrait s'atténuer par une force probante de représentativité territoriale. Cela exige, d'une part, une immersion conséquente du Sénateur dans les sphères locales et, d'autre part, un accompagnement significatif du pouvoir central dans le souci quotidien

---

[291] Charles NACH MBACH fait la même remarque, affirmant également qu'en Europe, les collectivités locales (villes, communes, paroisses) ont précédé la décentralisation, l'ont provoquée et l'ont assumée ; en Afrique, c'est un mouvement inverse qui s'est produit : « la décentralisation crée ou tente de créer les collectivités locales, tout comme l'État tente de créer la nation », *id.*, *ibid.*

[292] ROBBE (F), *La Représentation des collectivités territoriales par le Sénat.* Étude sur l'article 24, alinéa 3, de la Constitution française du 4 octobre 1958, Paris, LGDJ, 2001, p. 631.

d'effectuation de la décentralisation et la promotion de la démocratie locale : la représentation des Collectivités Territoriales Décentralisées confie à la Chambre haute une fonction d'intermédiation entre les principaux protagonistes de la politique de décentralisation, le Gouvernement et les collectivités locales (Section 1). Ce positionnement l'anoblit dans une stature de sentinelle de la décentralisation territoriale (section 2).

Section 1- Le Sénat, organe d'intermédiation entre l'État et les Collectivités locales

La doctrine et la pratique parlementaire s'accordent sur la nécessité d'interactions privilégiées entre le Sénat et les Collectivités Territoriales Décentralisées. À ce sujet, Jean Pierre BEL, alors président du Sénat français, déclara que : « *dans un État unitaire (...), une seconde chambre qui ne parvient pas à convaincre qu'elle remplit une fonction de représentation distincte, ou du moins différenciée par rapport à la première chambre, et apparaît par conséquent comme sa simple copie, se trouve structurellement dans l'incapacité de justifier son utilité, et donc son existence aux yeux de la nation* »[293]. Cette affirmation corroborait une œuvre détaillée d'Alain DELCAMP sur les attitudes du Sénat français face aux différentes politiques concernant les collectivités locales qui se sont succédé en France pendant une période de grandes mutations, celle allant de 1969 à 1986[294].

[293] BEL (J. P.), *Le Sénat à l'heure du changement : plaidoyer pour un bicamérisme rénové*, Fondation Jean Jaurès, Paris, 2011, p. 46, cité par Aristide Aymar TEME, *La mise en place du Sénat au Cameroun*, L'Harmattan, Paris, 2015, p.6

[294] DELCAMP (A.), *Le Sénat et la décentralisation*, 1969-1986 : de la défense des libertés locales à la mise en œuvre de la décentralisation, thèse, Paris 1, 1987

La légitimité du Sénat et son utilité reposent sur sa capacité à favoriser une interpénétration entre local et national. Sans perdre de vue que le Sénat est avant tout une institution de représentation nationale, la posture institutionnelle de la haute Assemblée la prédispose, au sein de l'État, à se positionner en tampon entre les velléités nationales et les intérêts de son corps électoral local, servir de courroie entre le pouvoir central et les autorités locales. L'institution parlementaire se doit, tantôt d'accompagner la mise en œuvre de la politique de décentralisation (Paragraphe 1), tantôt de porter le plaidoyer de la périphérie vers le centre (Paragraphe 2).

Paragraphe 1- Le Sénat, accompagnateur du pouvoir central vers les territoires

Il faudrait repréciser qu'aucun lien de sujétion n'unit l'institution parlementaire à l'exécutif. Cependant, le régime politique camerounais consacre un système de séparation souple des pouvoirs, le législatif pouvant ainsi dialoguer et accompagner l'exécutif vers la mise en œuvre de la politique de décentralisation ; la fonction d'accompagnement dont il est fait état ici se présente donc comme une dynamique de relai, sous forme de facilitations, dans l'implémentation des politiques publiques. Ainsi, la Chambre haute pourrait aider le pouvoir central à construire le régime de la décentralisation (A). Ce rapprochement serait d'autant plus efficace que l'institution est suffisamment ancrée dans les territoires (B).

A- Le rapprochement avec l'exécutif dans l'intérêt des collectivités locales

Il faudrait repréciser que le système camerounais ne consacre pas la spécialisation des Chambres parlementaires. La construction législative de la politique de décentralisation n'est donc pas une prérogative exclusive de la Chambre haute mais une compétence régalienne qu'elle se partage avec la première Chambre.

Pour autant, le lien privilégié entre le Sénat et les collectivités locales l'oblige à une symptomatique représentative. Dans cette dynamique, la Chambre haute du Parlement devrait se faire davantage efficace dans l'action de promotion de la décentralisation en se rapprochant de l'exécutif, dont les collectivités territoriales n'en sont qu'un appendice. À cet égard, il serait possible d'envisager des mécanismes de rencontres et d'échanges entre les instances politiques et techniques du pouvoir exécutif, responsable de l'implémentation de la décentralisation territoriale, et le Sénat, dont la vocation est d'inspecter, d'auditer et de stimuler son fonctionnement.

Au niveau politique, pratiquement tous les départements ministériels sont impliqués dans les processus de décentralisation, ce qui les engage à transférer de nombreuses compétences assorties de ressources conséquentes aux Collectivités Territoriales Décentralisées. À titre particulier, le Ministère de la Décentralisation et du Développement Local (MINDDEVEL) est responsable de l'élaboration, du suivi, de la mise en œuvre et de l'évaluation de la politique du Gouvernement en matière de décentralisation, ainsi que de la promotion du développement local[295].

Certes, des échanges informels ont régulièrement lieu entre les responsables ministériels et les sénateurs sur des questions en rapport avec la décentralisation, mais ces rencontres non structurées demandent à être formalisées, sous forme législative[296] ou par voie d'ententes

[295] Décret n° 2018/449 du 01 août 2018 portant organisation du ministère de la Décentralisation et du Développement local.
[296] En vertu de l'article 3 de la Loi n° 2018/005 du 21 avril 2003 fixant les attributions et le fonctionnement de la Chambre des Comptes, un

institutionnelles, afin de permettre à la Chambre de jouer pleinement son rôle et constituer une véritable base de données en la matière : des journées de rencontres pourraient ainsi se systématiser entre le Sénat et le Ministère de la Décentralisation et du Développement Local et des séances ponctuelles d'information entre le Sénat et des institutions sectorielles sur l'état de la décentralisation[297].

Cette collaboration entre le Sénat et l'exécutif dans l'intérêt des collectivités locales est dans la veine de la vision du Président de la République, qui a élaboré le Conseil National de la Décentralisation[298] comme un lieu de rencontre au sommet entre les personnalités de l'exécutif et du Parlement intervenants dans les processus de décentralisation. Le Conseil national de la décentralisation, « chargé du suivi et de l'évaluation de la mise en œuvre de la décentralisation », et présidé par le Premier Ministre, comprend, en outre, les membres du Gouvernement, les représentants des Collectivités Territoriales Décentralisées et du Conseil économique et social, ainsi que des parlementaires, dont deux sénateurs.

La capitalisation au Sénat des résultats de ces rencontres d'ordre politique est fonction de l'implication des personnels techniques de l'institution. Des réflexions internes sont à cet effet menées pour organiser des rencontres sous l'égide du Sénat entre les fonctionnaires parlementaires et ceux de

---

forum annuel d'échanges est établi entre le Sénat, organe du pouvoir législatif, et la chambre des comptes de la Cour suprême, instance juridictionnelle relevant du pouvoir judiciaire.

[297] De telles séances avaient été organisées entre le Sénat et le Ministère de la Santé en 2020 sur la maladie à coronavirus (Covid), et plus ancienne entre le Sénat et le Ministère en charge des Mines sur les exploitations minières.

[298] Décret du 03 novembre 2020 portant organisation et fonctionnement du Conseil National de la Décentralisation

l'exécutif ou intégrer les administrateurs parlementaires du Sénat dans les organes techniques de l'exécutif ayant mission de préparer le volet administratif de la conduite des politiques de décentralisation et du développement local. Les cadres techniques du Sénat pourraient alors côtoyer les responsables administratifs de l'exécutif au sein des organes, comme le Comité interministériel des Services locaux (CISL), la Commission interministérielle de Coopération décentralisée (CICOD), le Comité National des Finances Locales (CONAFIL) et, surtout, le Secrétariat Technique du Conseil National de la Décentralisation.

Les informations ainsi puisées à bonne source permettront à la Chambre de se forger sa propre opinion sur l'état de la décentralisation et de sensibiliser les sphères territoriales.

B- La présence du Sénat et des sénateurs au niveau des territoires

L'article 20 (1) de la constitution indique que c'est le Sénat, personne morale, qui représente les Collectivités Territoriales Décentralisées. Cette précision n'est pas anodine, car elle rappelle subrepticement que le mandat du Sénateur n'est pas territorial, mais national. Le Sénateur représente donc le peuple et non les collectivités territoriales. C'est dire que l'ancrage territorial de l'institution en elle-même est une exigence de légitimité et que l'assiduité locale des sénateurs est un impératif lié à l'origine territoriale du mandat sénatorial : L'enjeu est de garantir la prise en compte de la diversité territoriale au niveau central et de s'assurer une présence significative dans l'écosystème local.

La connaissance du terrain est un impératif d'efficacité pour le parlementaire, spécialement du fonctionnement interne des collectivités territoriales pour les sénateurs.

Tenant leurs mandats des élus locaux et désignés pour composer le Sénat, c'est aux Collectivités Territoriales Décentralisées que les sénateurs sont tenus de rendre compte en priorité, pendant que les députés ont pour interlocuteur la généralité des électeurs. Le Sénat, qui représente les Collectivités Territoriales Décentralisées, devrait donc consolider son ancrage local et s'identifier aux structures périphériques. Il doit éviter de traiter les questions d'intérêt local d'un point de vue extérieur mais plutôt réaffirmer sa posture d'organe immanent.

Il y a donc nécessité d'un dialogue permanent d'une part, entre la Chambre haute et les Collectivités Territoriales Décentralisées et, d'autre part, entre le Sénateur et la communauté des élus locaux qu'il représente. Cette présence dans les territoires permet aux élus locaux d'échanger régulièrement, instantanément, avec les sénateurs sur le quotidien des territoires, mais également aux différentes instances du Sénat de solliciter l'avis des élus locaux sur les textes de loi ou toute question dont elles souhaiteraient se saisir. Elle peut se manifester par des centres d'écoute à l'occasion des tournées parlementaires, la mise en place de programmes de reconnaissance et d'encouragements des actions particulières au niveau territorial[299], des visites de structures - cabinets parlementaires, des sièges des Collectivités Territoriales Décentralisées[300] - des plateformes diverses de rencontres, mais surtout à l'occasion des assises des assemblées régionales. À ce sujet, un certain nombre de

[299] Par exemple, l'instauration de prix sénatoriaux, régionaux ou nationaux, prix de thèses sur la gestion des déchets, prix de thèses sur l'évolution ou le fonctionnement des CTD, palme sénatoriale de la gouvernance participative dans les communes, etc.

[300] À l'occasion d'une tournée de compte rendu parlementaire en 2024, le Sénateur Seidou MBOMBO NJOYA s'est attelé à visiter toutes les unités opérationnelles des Collectivités Territoriales Décentralisées du NOUN, voir ; Le Sénatorial, Bulletin d'Information pour les populations du NOUN et de la Région de l'Ouest, février 2025.

dispositions tant de la constitution que de la loi prévoient la présence des sénateurs aux travaux des collectivités locales. C'est ainsi que l'article 57 (4) de la constitution dispose que *« les parlementaires de la Région assistent aux travaux du Conseil Régional avec voix consultative »*. Cette prescription est reprise par les articles 276(2)[301] et 347[302] du Code général des Collectivités Territoriales Décentralisées.

Les sénateurs, mais aussi les députés, ont donc le droit de participer aux travaux des assemblées régionales. Sous l'angle constitutionnel et spécialement pour les sénateurs, ce droit est aussi un devoir du fait de la prédisposition constitutionnelle du Sénat à parrainer la cause des collectivités territoriales. Il apparaît ainsi que la présence des sénateurs aux travaux des assemblées régionales n'est pas une commodité de simple courtoisie, mais la participation d'un membre de l'assemblée régionale, dépourvu du droit de vote, mais ayant voix consultative. Au demeurant, d'une part, et en dehors de l'exercice de responsabilités exécutives locales, le mandat du Sénateur n'est pas incompatible avec celui d'élu local[303] ; d'autre part, par voie de conséquence, le droit à la participation du Sénateur pourrait se rapprocher de celui des élus locaux, prévu aux articles 123 et suivants du Code général des Collectivités Territoriales Décentralisées, qui lui permettrait d'assister non pas seulement aux sessions, mais aux travaux c'est-à-dire « aux réunions, aux manifestations, aux concertations » organisées par la collectivité territoriale.

---

[301]Article 276(2) : « les Parlementaires et les Maires de la Région peuvent assister à ses travaux avec voix consultative ».

[302] Article 347 : « les Parlementaires et les Maires de la Région participent, de plein droit, aux travaux de l'Assemblée régionale, en formations réunies, sans voix délibérative ».

[303] Les articles 204 et 311 du Code général des CTD rendent incompatibles les mandats de Maire, de Président du Conseil Régional et de Président du Conseil Exécutif régional avec celui du Sénateur.

La législation pourrait-elle aller plus loin dans ce rapprochement entre l'élu local et le Sénateur ? Favoriser l'ancrage local du Sénateur et la présence des élus locaux dans l'hémicycle du Sénat en faisant de la qualité d'élu local une précondition d'éligibilité à la Chambre haute du Parlement ? En institutionnalisant dans ces conditions le cumul du mandat de Sénateur et d'élu local, ou à tout le moins d'une expérience d'exercice de mandat local, on aboutirait à un renforcement du statut local du parlementaire qui porterait plus légitimement la parole des territoires au Parlement. Cela contribuerait, malheureusement, à limiter le principe d'égal accès à toutes dignités[304], à dégrader la vocation nationale du mandat du Sénateur qui, en l'état, fait déjà l'objet de questionnements doctrinaux[305].

Paragraphe 2- Le Sénat, porte-voix des autorités locales vers le pouvoir central

Naturellement, le Sénat issu d'un corps électoral principalement composé d'élus locaux, a vocation à se représenter comme le courtier légitime des intérêts locaux auprès de l'administration centrale.

La doctrine constitutionnaliste insiste sur un dialogue permanent entre le Sénat et les collectivités locales, permettant alors à l'institution de recueillir de manière détaillée les préoccupations des autorités locales qu'elle se chargera de répercuter au niveau central. Afin de faciliter ses interactions avec les communes et les régions, la Chambre haute du Parlement s'est structurée (A) de manière à répondre efficacement au besoin d'une

---

[304] ROBBE (F.), « Le Sénat à l'heure des demi-réformes », RFDC, 56-2003, p. 741s.

[305] NJINGA TCHOUNGNIA (G.), « la fonction de Représentation du Sénat », *Le Sénat au Cameroun*, sous la direction de Alain Didier OLINGA, Éditions CLE, Yaoundé, 2016, p. 33.

diplomatie parlementaire de qualité au service desdites collectivités (B).

A- La structuration du Sénat comme interlocuteur des Collectivités Territoriales Décentralisées

Afin de faire écho de la disposition constitutionnelle qui désigne le Sénat comme représentant des Collectivités Territoriales Décentralisées, la Chambre haute du Parlement a, dans un premier temps, procédé à un réaménagement de sa structure administrative. Elle se prépare, depuis lors, à la mise sur place d'un dispositif politique adéquat.

Dès la mise en place du Sénat, un Arrêté du Bureau n°2013/006/AB/SEN du 23 août 2013 portant Organisation Administrative des Services du Secrétariat général avait prévu, en son article 21, un Bureau des Informations sur les Collectivités Territoriales Décentralisées chargé du traitement des informations et de la documentation relative auxdites Collectivités. Ce Bureau était malheureusement resté léthargique, poussant la Chambre à prendre deux nouveaux textes, l'Arrêté du Bureau n°2022/104/AB/SEN du 16 novembre 2022 et celui n°2022/108/AB/SEN du 16 novembre 2022 modifiant le texte initial par la création d'une Direction des Collectivités Territoriales Décentralisées.

Cette Direction dédiée aux Collectivités Territoriales Décentralisées, qu'on eût pu désigner Direction de la représentation des Collectivités Territoriales Décentralisées, Direction du suivi de la Décentralisation ou Observatoire de la décentralisation et des Collectivités Territoriales Décentralisées [306] est placée sous l'autorité du Secrétaire

---

[306] Les travaux préparatoires à la mise en place de ce Service ont tergiversé avant de retenir cette appellation symbolique : Direction des

général du Sénat. Elle est chargée : d'accompagner les sénateurs dans leurs initiatives en direction des Collectivités Territoriales Décentralisées, de la mise en œuvre des directives de la Chambre haute dans l'intérêt des Collectivités Territoriales Décentralisées, du suivi des processus de décentralisation, de produire des études et faire de la prospective en matière de décentralisation territoriale et, enfin, de l'élaboration d'un Rapport annuel sur l'état de la décentralisation. En bref, la Direction des Collectivités Territoriales Décentralisées du Sénat accompagne les sénateurs dans leurs rapports avec les Collectivités Territoriales Décentralisées et assure le suivi par le Sénat des processus de décentralisation.

Cette structuration administrative demeure limitée dans son opérationnalité, faute de compétence parlementaire pour les cadres techniques aggravée par une articulation insuffisante, en la matière, entre les services administratifs et les membres de la Chambre. On assiste tantôt à des mouvements des administrateurs du Sénat vers les organes locaux, tantôt à un déploiement des sénateurs sans un accompagnement idoine de l'administration de l'Institution. Individuellement ou collectivement, des sénateurs sont allés à la rencontre des autorités de l'exécutif, des élus locaux ou même des partenaires internationaux.

C'est pourquoi des réflexions sont actuellement menées au niveau de la Chambre haute du Parlement, afin d'établir des organes politiques réceptacles de la mission

---

Collectivités Territoriales Décentralisées. Ailleurs, en France notamment, le Bureau du Sénat avait, en 2005, un Observatoire de la décentralisation (supprimé en 2009) avec trois missions essentielles : le suivi et l'évaluation de la mise en œuvre de l'Acte II de la décentralisation, l'évaluation globale des politiques publiques locales, une fonction de prospective et de proposition en vue d'améliorer la décentralisation.

constitutionnelle de Représentant des Collectivités Territoriales Décentralisées. À ce sujet, on pourrait envisager la création d'une Commission permanente[307] dédiée aux Collectivités locales et à la chefferie traditionnelle, la mise en place d'un cadre permanent de rencontres et d'échanges entre le Sénat et les Collectivités Territoriales Décentralisées[308] ou, s'inspirant de l'organisation d'autres Parlements, procéder à la mise en place d'une Délégation aux Collectivités Territoriales

[307] À ce jour, l'article 30 du Règlement intérieur du Sénat prévoit neuf Commissions permanentes à savoir : la Commission des Lois Constitutionnelles, des Droits de l'Homme et des Libertés, de la Justice, de la Législation et du Règlement, de l'Administration, la Commission des Finances et du Budget, la Commission des Affaires étrangères, la Commission de la Défense nationale et de la Sécurité, la Commission des Affaires économiques, de la Programmation et de l'Aménagement du Territoire, la Commission de l'Éducation, de la Formation professionnelle et de la Jeunesse, la Commission des Affaires culturelles, sociales et familiales, la Commission de la Production et des Échanges et, enfin, la Commission des Résolutions et des Pétitions. Dans une interview accordée le 17 décembre 2017 au cours de l'émission « politude » sur le poste national de la *Cameroon radio and television (Crtv)*, le Sénateur Pierre Flambeau NGAYAP révèle qu'il a introduit au Sénat une proposition tendant à la création d'une Commission de la décentralisation au sein de la Chambre.

[308] Des réflexions sont en cours, sur la mise en place de plateformes de rencontres et d'échanges entre le Sénat, les Régions et les communes, sous forme de journées nationales ou régionales de rencontres, de fora d'échanges dédiés aux CTD, etc. C'est une préoccupation partagée qui a fait l'objet d'une Recommandation lors du XXe forum d'échanges entre les membres du Sénat et la chambre des comptes de la Cour suprême, formulées en ces termes : « la mise en place d'une structure permettant aux sénateurs d'échanger avec les acteurs du suivi et d'accompagnement de la mise en œuvre de la Dotation générale de la Décentralisation au Cameroun ». Il a été instituée, depuis le 17 juin 2025, une journée annuelle de rencontre nationale entre le Sénat et les Collectivités Territoriales Décentralisées

Décentralisées[309] ou désigner un Vice-Président à cet effet[310]. Cet ensemble devrait alors s'agencer avec des Réseaux parlementaires tout aussi spécifiquement formalisés, outils de choix pour le déploiement d'une diplomatie parlementaire adéquate.

B- Le déploiement du Sénat dans l'intérêt des Collectivités Territoriales Décentralisées

Le principe d'une interconnexion privilégiée entre la Chambre haute du Parlement et les collectivités locales étant acquis, surgit immédiatement la question de la nature des synergies possibles entre ces organes institutionnels d'abord, entre les sénateurs et les élus locaux ensuite. Comment définir les principaux centres d'intérêt du Sénat qui seraient en phase avec les préoccupations de son électorat que sont les élus locaux, les chefs traditionnels et le peuple dont il assure en fin de compte la représentation ?

La participation de l'institution sénatoriale aux processus de décentralisation devrait-elle se limiter à la validation législative des projets inhérents ou pourrait-elle s'étendre à une implication opérationnelle, active, pro-exécutive au niveau central et au niveau des terroirs ? En marge des tournées de comptes-rendus parlementaires consubstantiels à la logique du mandat représentatif, les parlementaires pourraient-ils légitimement se déployer en dehors des hémicycles, aux confins du pays, voire à l'international, pour plaider la cause des Collectivités Territoriales Décentralisées et, particulièrement, œuvrer à l'implémentation de la décentralisation ? Le Sénat, personne

---

[309] Le Sénat français a établi une « Délégation aux collectivités territoriales et à la décentralisation », présidée par un Sénateur et assisté par un staff technique organisé.

[310] En Côte d'Ivoire, l'un des six Vice-Présidents est spécialement chargé des Collectivités Territoriales Décentralisées.

morale, est-il autorisé à agir directement dans les collectivités territoriales pour les besoins de cette cause, et dans quelle mesure bénéficierait-il de ce droit d'intervention sans que cela ne heurte la libre administration des Collectivités Territoriales Décentralisées et, surtout, ne s'analyse en une immixtion dans le champ des prérogatives du pouvoir exécutif ?

Le bilan des deux premières législatures sénatoriales au Cameroun (2013-2023) révèle une combinaison plutôt discrète entre la Haute Assemblée et les Collectivités locales. Cela est dû à la jeunesse de l'Institution qui cherche ses marques, mais aussi, sans doute, à cause du silence de la Constitution sur le sens de la représentation des Collectivités Territoriales Décentralisées. Cette discrétion constitutionnelle sur les moyens d'opérationnalisation de la mission de représentation embarrasse et brouille le message qui se dégage de ce que l'on a appelé le « bonus constitutionnel » de la Chambre haute. Pourtant, les sénateurs ont compris qu'un travail doit être fait dans les sphères locales pour compléter le travail de veille auquel ils se donnent au niveau central.

Pour atteindre ces objectifs, la Haute Assemblée multiplie des initiatives pour accompagner le processus de décentralisation et aider au développement local. C'est ainsi que la problématique du financement des Collectivités Territoriales Décentralisées fut placée au cœur du 19e forum d'échanges tenu en juin 2024 entre le Sénat et la Chambre des comptes de la Cour suprême[311]. Par ailleurs, l'organe parlementaire construit progressivement des plateformes de dialogue et de concertation avec les élus locaux, les associations de Collectivités Territoriales Décentralisées et les organismes d'intercommunalité. Ces cadres de concertation sont de nature à aider à la cohésion de l'ensemble des actions

[311] Senate update, magazine d'information du Sénat, n° 2, juin 2024, p.24.

des communes, des régions et des communautés urbaines[312] et à la mise en cohérence de l'ensemble des initiatives locales. Le Sénat assiste régulièrement aux activités des Collectivités Territoriales Décentralisées, participe à l'élaboration de divers programmes locaux à l'instar des plans régionaux de développement. Au même moment, les sénateurs sont incités à prendre part active aux sessions des conseils municipaux ou régionaux et appelés à répercuter les préoccupations locales à travers le vote des lois, des questions au Gouvernement, des rapports, des plaidoyers ou du lobbying.

Ces initiatives rapprochent l'opérationnalisation de la représentation des Collectivités Territoriales Décentralisées, au Cameroun, du modèle français. On peut constater, en France, que le Sénat se livre à de multiples activités dans les régions, afin de s'imprégner directement des réalités concrètes des terroirs, écouter les élus locaux et analyser avec les acteurs locaux les moyens d'améliorer et faire évoluer la décentralisation : les missions sénatoriales d'informations sur le terrain, les États généraux des élus locaux, les groupes d'études, la mise en place d'un site internet dédié aux Collectivités Territoriales Décentralisées sont autant de dynamiques qui participent de la fortification de l'ancrage territorial du Sénat. Par ce moyen, le Sénat entend « *interroger fréquemment et directement les élus locaux* », afin de « *nourrir un vrai dialogue* » et « *d'apporter des solutions satisfaisantes, en tenant compte des spécificités et des attentes des territoires dans leur diversité* ».

---

[312] Il est souvent apparu des frictions sur la répartition des compétences entre les communes d'arrondissement et les communautés urbaines ou entre les régions et les communes. Certaines communes d'arrondissement, notamment, rechignent à considérer la communauté urbaine comme nouveau type de collectivité territoriale consacrée par l'article 240 de la loi portant régime général des Collectivités Territoriales Décentralisées.

Ce dynamisme à l'intérieur du pays devrait s'accompagner d'un mouvement plus offensif à l'international, dans le cadre d'une diplomatie parlementaire efficiente. Car, les défis de la décentralisation ne sont pas simplement intérieurs. Un vaste domaine concerne l'adaptation au système international en la matière qui se présente sous la forme de standards a minima. Le déploiement sénatorial sous la forme de réseaux parlementaires[313], de groupes parlementaires d'amitié, de lobbying dans les organisations inter-parlementaires et d'initiatives parlementaires variées participe de ce travail d'édification d'un système d'administration qui favorise l'émancipation des Collectivités Territoriales Décentralisées en contribuant au rayonnement de la décentralisation.

Section 2- Le Sénat, organe de promotion de la décentralisation territoriale

En ce qu'il représente les Collectivités Territoriales Décentralisées, le Sénat apparaît de prime abord comme une vitrine de la décentralisation territoriale. Ceci fait de l'institution un interlocuteur naturel des élus locaux, l'engageant à promouvoir la politique de décentralisation, soutenir l'action des collectivités, et veiller à un meilleur équilibre entre le pouvoir central et les autorités locales. En restant dans l'ordre de ses missions parlementaires classiques - vote de la loi et contrôle du Gouvernement -, sa vocation est de s'approprier les défis des collectivités locales dont les

[313] À ce jour, des sénateurs participent à deux Réseaux parlementaires assez remuants en matière de décentralisation et de coopération décentralisée : le Réseau des parlementaires pour La Décentralisation et le Développement local (REPADDEL) et le Réseau des Parlementaires pour la Diaspora, la Coopération décentralisée et transfrontalière (RECOD). Il est cependant curieux que ces réseaux soient des émanations de la Chambre Basse et, en conséquence, présidés par des Députés.

principaux sont la démocratie de proximité (paragraphe 2) et la décentralisation (paragraphe 1).

Paragraphe 1- Le Sénat, édificateur de la décentralisation territoriale

Même si le Sénat représente les collectivités territoriales « de façon mystérieuse »[314], il lui appartient et à ses membres de décrypter ce mystère en lui donnant un sens politique qui viendrait justifier la pertinence même de son existence. Le leitmotiv a déjà été énoncé : si le Sénat contribue au dédoublement de la représentation nationale suivant un mode de composition spécifique, il devrait améliorer sa représentativité et donc sa légitimité par un mode opérationnel différencié. Afin de ne pas faire prospérer l'idée de son inutilité[315], la Haute Assemblée est appelée à se démarquer des cibles ordinaires de la première Chambre en se mettant davantage à l'écoute de son électorat.

Le premier devoir du Sénat envers les collectivités territoriales est de prêter une attention particulière à leurs problèmes. Sans en être une organisation syndicale, la seconde Chambre a vocation à défendre les intérêts des Collectivités locales, à promouvoir notamment la décentralisation territoriale qui apparaît comme un enjeu de

---

[314] B. DAUGERON, « Un parlementarisme oublié : la responsabilité politique des ministres devant le Sénat sous la troisième république », in Mélanges en l'honneur du doyen Jean-Pierre MACHELON, op. cit., p. 251.

[315] Ce sentiment d'inutilité du Sénat est à l'origine de sa réforme en Italie, décrite par Alberto LUCARELLI, Le Sénat italien : suppression ou transformation, www.cairn.ressources.univ-poitiers.fr/article, de sa suppression au Sénégal, remplacé par le Haut Conseil des Collectivités territoriales, et dans certains États du Maghreb, rapporté par Fathi ZERARI, l'autonomie des collectivités locales et les fondements du Conseil de la Nation en Algérie, Thèse, Bordeaux, sept. 2017, p 63 et 64.

survie pour lesdites collectivités. L'institution parlementaire se doit ainsi de se positionner à la fois comme acteur majeur (A) et gardien du temple (B).

A- Le Sénat, moteur de la décentralisation territoriale

Le Sénat se doit d'assumer toute la place qui lui revient comme acteur et moteur de la décentralisation[316], servir d'aiguillon aux dynamiques institutionnelles. C'est à la Chambre de représentation des Collectivités Territoriales Décentralisées de provoquer la rupture psychologique nécessaire pour un ordre gouvernant resté longtemps centralisé de migrer vers une implémentation effective d'un système décentralisé. Car, en réalité, malgré la proclamation constitutionnelle solennelle – le Cameroun est un État unitaire décentralisé[317] - le pays se trouve davantage à une phase d'opérationnalisation du processus de décentralisation qu'à celle de l'exercice effectif des compétences dont les transferts s'opèrent progressivement. L'évolution du processus demeure assez mesurée et, pour certains, beaucoup trop prudente, voire tiède. Si la volonté politique est sans aucun doute manifeste, les pesanteurs historiques et institutionnelles le sont aussi : « *l'État assure la tutelle sur les Collectivités Territoriales Décentralisées* »[318] et conserve la possibilité d'exercer par lui-même les

---

[316] LAMOUROUX (S.), « les relations entre le Sénat et la décentralisation », Droit Constitutionnel.org ; DELCAMP (A), Le Sénat et la décentralisation, 1969-1986 : de la défense des libertés locales à la mise en œuvre de la décentralisation, Thèse, Droit public, Paris 1, 1987 ; LE BERRE (S.), « Le Sénat et la décentralisation », HAL Id : hal-04058188 https://hal.science/hal-04058188v1 .

[317] Article premier alinéa 2 de la Constitution.

[318] Articles 55 (3) de la Constitution, 72, 73 et suivants du Code général des Collectivités Territoriales Décentralisées.

compétences transférées[319] : le Cameroun en est encore au niveau des prémisses de la décentralisation ou, tout au plus, est-il parvenu à une semi-décentralisation.

Ceci n'est toutefois pas étrange puisque le système français, qui inspire le modèle camerounais, et dont le déclic date de près d'un siècle[320], demeure en cours d'amélioration. L'administration centrale rechigne toujours à laisser courir des prérogatives vers les ordres périphériques. Mais comment ne pas rappeler ce constat de Pierre Richard[321], qui déclara en 1978 que « *L'État fait trop de choses et à force d'être omnipotent, il devient impotent* » ? L'auteur attirait ainsi l'attention sur l'utilité de la décentralisation, qui apparaît souvent comme un impératif et qui charrie des enjeux à la fois politiques et économiques.

La décentralisation a vocation à rendre la prestation de services publics plus efficiente, grâce à la proximité avec les citoyens, et, en conséquence, favorise la croissance en garantissant l'efficacité des politiques de développement local. Elle apparaît même désormais comme un enjeu de survie de l'État unitaire, une problématique majeure dont

---

[319] Article 18 du Code général des CTD.

[320] Les prémisses de la décentralisation à la française datent de la IIIe République (1870 – 1940), avec la structuration du territoire en communes et départements, mais le Préfet, autorité déconcentrée, était en même temps Président du Conseil Régional ; la Constitution du 27 octobre 1946 dédie un titre aux collectivités territoriales, qui demeurent appréhendées comme de simples morcellements de l'État centralisé (les provinces) ; c'est la loi du 2 mars 1982 relative aux droits et libertés des communes, des départements et des régions, et la loi du 7 janvier 1983 relative à la répartition des compétences entre les communes, les départements, les régions et l'État complétée par celle 22 juillet 1983 qui marquent véritablement l'envol de la décentralisation en France, ce que l'on a appelé l'Acte 1 de la décentralisation.

[321] Ancien Directeur des Collectivités locales au ministère de l'Intérieur en France

l'entrave pourrait menacer l'unité du pays. On pourrait à ce sujet, mutatis mutandis, appliquer au Cameroun la célèbre formule que François MITTERAND prononça le 15 juillet 1981 devant le Conseil des ministres français : « *la France a eu besoin d'un pouvoir fort et centralisé pour se faire. Elle a aujourd'hui besoin d'un pouvoir décentralisé pour ne pas se défaire* »[322].

La Chambre haute du Parlement, représentante constitutionnelle des Collectivités Territoriales Décentralisées, ne peut que s'engager prioritairement à la promotion de la décentralisation en veillant à l'accélération des processus et à la solidité du système. Pour cela, elle s'ouvre progressivement à une double vertu d'incitation et d'accompagnement afin d'aider à l'avancement du système. L'internalisation des principes contenus dans des instruments internationaux, à l'instar de la Charte africaine de la décentralisation[323], l'audit des projets de loi à l'aune des exigences de la décentralisation, les nombreuses questions adressées aux membres du Gouvernement sont autant de défis et des outils d'impulsion en la matière. C'est le lieu d'en appeler le constituant, une fois de plus, à la reconnaissance d'un droit de primo-examen sénatorial pour tout projet en rapport avec la décentralisation et l'organisation des collectivités locales en général.

Au sein du Conseil National de la Décentralisation[324], lors des rencontres annuelles avec la Chambre des comptes

---

[322] Cette vision inspira la loi du 02 mars 1982, connue comme l'Acte I de la décentralisation en France.

[323] La Charte africaine de la décentralisation a été ratifiée au Cameroun par le décret n° 2019/583 du 31 octobre 2019, à la suite de la loi n° 2019/003 du 25 avril 2019 autorisant le Président de la République à ratifier la charte africaine des valeurs et des principes de la décentralisation, de la gouvernance locale et du développement local.

[324] L'article 3(4) du Décret n 2020/676 du 03 novembre 2020 portant organisation et fonctionnement du Conseil National de la

de la Cour suprême[325] ou à l'occasion de nombreuses rencontres informelles, les sénateurs ont à cœur de pousser les pouvoirs publics vers l'accélération des processus de décentralisation. La Chambre haute gagnerait néanmoins à mobiliser effectivement et plus efficacement les nombreux outils institutionnels à sa disposition[326] : les propositions de loi, les rencontres avec les administrations sectorielles, notamment avec le Ministère de la Décentralisation et du Développement local[327], l'aide à la formation des sénateurs et des élus locaux en matière de décentralisation sont autant de mécanismes de nature à garantir une plus grande performance à l'action parlementaire. Insérer dans la loi les grands principes de la décentralisation, inciter à son progrès par des réformes pertinentes, mais aussi, surtout, veiller à la stabilité du système en tant que gardien de l'édifice.

Sans que la prérogative ne soit réservée aux sénateurs, l'article 57 de la constitution dispose que « les parlementaires de la Région assistent aux travaux du Conseil Régional avec voix consultative ». De nombreuses dispositions de la loi n°2019/024 du 24 décembre 2019 portant

---

Décentralisation prévoit la présence de deux sénateurs parmi les membres de cette Institution stratégique, présidée par le Premier Ministre, Chef du Gouvernement.

325 L'article 3 de la loi n° 2003/005 du 21 avril 2003 fixant les attributions, l'organisation et le fonctionnement de la Chambre des Comptes de la Cour Suprême dispose : « La Chambre des Comptes produit annuellement au Président du Sénat, un rapport exposant le résultat général de ses travaux et les observations qu'elle estime devoir formuler en vue de la tenue des comptes et de la discipline des comptables… ».

326 Après deux législatures, le bilan apparaît mitigé.

327 Opérationnel de la décentralisation au sein de l'exécutif, en vertu du décret n° 2018/449 du 01 août 2018 portant Organisation du Ministère de la Décentralisation et du Développement Local ; l'idée d'un cadre de rencontre permanent Sénat-MINDDEVEL est en cours de gestation.

Code général des Collectivités Territoriales Décentralisées[328] donnent des indications sur l'implication du Parlement en général et du Sénat en particulier le suivi et la surveillance du système de l'administration décentralisée.

B- Le Sénat, sentinelle de la décentralisation territoriale

L'institution parlementaire n'a pas vocation à empiéter sur les champs d'initiative et d'implémentation de la décentralisation, qui reviennent à l'exécutif. Elle doit jouer un rôle de vigilance et d'inspection pouvant mobiliser des armes de censure. En la matière, le Sénat restera dans son rôle constitutionnel de censeur, mais veillera opportunément à faire conserver les acquis, pousser aux avancées, lancer des alertes et… peut-être, provoquer des sanctions.

La Chambre haute est appelée à s'approprier et à veiller à la mise en œuvre effective des principes de

[328] De façon spécifique, les articles 57 (4) Articles 93, 119, 166, 204, 244, 276, 290, 311, 347, 349 et 367 du Code général des CTD : 93 sur la participation des parlementaires aux travaux du Conseil National de la Décentralisation, 119 (4) sur le port de l'insigne par les élus locaux en présence des parlementaires, 166(4) sur le droit de participation des sénateurs aux travaux du Conseil Municipal, 204 sur l'incompatibilité entre les fonctions de Maire et celles de Sénateur, 244(3) sur le droit de participation des sénateurs aux travaux du Conseil de la Communauté, 276(2) sur le droit de participation des parlementaires aux travaux du Conseil Régional, 290(2) sur la transmission au Sénat, par le Président du Conseil Régional, du Rapport spécial annuel sur la situation de chaque Région, 311 ensembles 361 sur l'incompatibilité entre les fonctions de Président du conseil Régional et de Président du Conseil Exécutif régional avec celles de Sénateur, 347 sur la participation des parlementaires aux travaux de l'Assemblée régionale siégeant en Formations Réunies, 349 (2) sur la transmission au Sénat, par le Président du Conseil Exécutif Régional, du Rapport spécial annuel sur la situation de chaque Région à statut spécial, 367 sur le pouvoir de saisine du *Public Independent Conciliator* ; plus vaguement et moins spécifiques, les articles 40, 80 et 150 du CGCTD.

décentralisation territoriale énoncés par la Constitution[329] et repris par divers textes législatifs et réglementaires[330] : l'autonomie administrative et financière, le régime de tutelle de l'État, le principe de développement harmonieux du territoire, l'équilibre interrégional et la péréquation qu'il induit, le transfert des compétences et des ressources connexes, l'organisation, le fonctionnement et le régime financier des collectivités territoriales, le statut de l'élu local…

Pour ce faire, elle devra mobiliser les outils parlementaires disponibles : vote des lois, questions au Gouvernement, Commissions d'enquête, pétition, résolution, etc. Dans le travail législatif au quotidien, l'Institution auditera les projets de textes déposés devant elle à l'aune des exigences de la décentralisation, de manière à ne pas permettre des entraves aux processus en cours. La procédure législative, le débat d'orientation budgétaire[331],

---

[329] Article premier alinéa 2 de la Constitution : « la République du Cameroun est un État unitaire décentralisé » ; le Titre X, articles 55 à 62, est consacré aux Collectivités Territoriales Décentralisées.

[330] Sans être exhaustifs, nous pouvons citer la loi nº 2019/024 du 24 décembre 2019 portant Code général des Collectivités Territoriales Décentralisées, le décret nº 2011/110/PM du 26 avril 2011 fixant les modalités de la coopération décentralisée, le décret nº 2011/110/PM du 26 avril 2011 fixant les modalités de la coopération décentralisée, le décret nº 2018/449 du 1er août 2018 portant organisation du Ministère de la Décentralisation et du Développement Local décret nº 2020/676 du 03 novembre 2020 portant organisation et fonctionnement du Conseil National de la Décentralisation, le décret nº 2020/689 du 09 novembre 2020 portant organisation et fonctionnement du Comité Interministériel des Services locaux, le décret nº 2021/746 du 28 décembre 2021 fixant les modalités d'exercice de certaines compétences transférées par l'État aux Régions en matière de tourisme et de loisirs.

[331] Le Débat d'Orientation Budgétaire (DOB) est un rituel pré-budgétaire institué par l'article 11 de la loi 2018/012 du 11 juillet 2018 portant régime financier de l'État et des autres entités publiques, en vertu duquel le Parlement organise, avant la session budgétaire, un débat sur les documents de cadrage macroéconomique et budgétaire à

les enquêtes et autres auditions spéciales sont de grands moments de contrôle, d'évaluation et d'incitation sur la voie de la décentralisation. Pour faciliter ce travail principiel, le Sénat français est parvenu, en mars 2023, à la signature avec le Gouvernement d'une charte d'engagements communs pour la simplification des normes applicables aux collectivités locales.

Depuis sa mise en place, le Sénat camerounais essaie de s'assurer que les lois qu'il adopte ne remettent pas en cause les principes constitutionnels de la décentralisation. Il en est ainsi des lois constitutionnelles, des lois ordinaires, ou de celles successives de finances. La Chambre haute se projette en un véritable animateur du système, catalyseur de la transformation du dispositif juridico-institutionnel et, surtout, gardien du temple.

Pour s'assurer cette fonction, l'institution s'engage à produire un Rapport parlementaire annuel sur l'état de la décentralisation[332]. L'élaboration d'un Rapport parlementaire annuel sur l'état de la décentralisation rappelle les dispositions de l'article 2 du Décret n° 2020/676 du 3 novembre 2020/676 du 03 novembre 2020 suivant lesquelles le Conseil National de la Décentralisation « *soumet au Président de la République le rapport annuel sur l'état de la décentralisation et le fonctionnement des services locaux* ». Il s'agit cependant de deux rapports de nature différente : le rapport sénatorial sur l'état de la décentralisation fournit l'occasion d'évaluer les

---

moyen terme ainsi que sur le rapport d'exécution du budget en cours. Sur l'ensemble du processus législatif en matière budgétaire, voir KANKEU (J.), « la discussion et le vote du projet de loi de finances initiale », *Mélanges en l'honneur du Professeur Etienne Charles LEKENE DONFACK*, L'Harmattan, Vol. 2, 2024, p. 265 et s.

[332] Arrêté du Bureau n° 2022/108/AB/SEN du 16 novembre 2022 portant Organisation et fonctionnement de la Direction des Collectivités Territoriales Décentralisées.

processus[333], de lever des entraves et de pousser aux avancées ; il s'agit d'un rapport d'inspection et de contrôle qui circulera dans les réseaux parlementaires et au sein de la société civile. Le rapport du Conseil National de la Décentralisation, quant à lui, est un document endogène de suivi-évaluation du pouvoir exécutif destiné à son chef, le Président de la République en l'occurrence. Cela se comprend, car le Conseil National de la Décentralisation est un auditeur interne alors que l'institution parlementaire est un vérificateur extérieur.

Pour les besoins d'efficacité, la Chambre haute se doit d'améliorer son dispositif d'écoute et rester en contact permanent avec les territoires. La formalisation des journées annuelles et/ou régionales[334] avec les institutions locales, l'élaboration d'une plateforme de rencontre et d'échanges entre le Sénat et les collectivités territoriales irait également dans ce sens[335] ; cela aiderait également à garantir le progrès de la démocratie locale.

Paragraphe 2- Le Sénat et la démocratie locale

La démocratie locale se conçoit en rapport avec le pouvoir de décision transféré dans certains domaines de

---

333 Cette compétence peut être analysée comme prioritaire, mais pas exclusive : la Commission des Lois Constitutionnelles de l'Assemblée Nationale a organisé, le 03 juillet 2025, une séance spéciale d'évaluation du processus de décentralisation au Cameroun, en présence du Premier Ministre, Chef du Gouvernement.

334 Dans une interview accordée au Magazine Senate update, mars 2024, p. 24, M. Roger MBASSA DINE, Maire de la ville de Douala, déclare que la communauté de la ville de Douala est prête à « institutionnaliser une rencontre annuelle avec les sénateurs de [la] Région, à laquelle pourraient volontiers prendre part les Maires des autres villes du littoral ».

335 La première réunion organisée le 17 juin 2025 entre la Chambre Haute du Parlement et les Collectivités Territoriales Décentralisées a débouché sur l'instauration d'une Journée annuelle solennelle de rencontre et d'échanges entre les sénateurs et les élus locaux.

compétences par un État à une collectivité locale dotée elle-même d'institutions démocratiques. Par le mécanisme de transfert, le concept de démocratie locale est sous-entendu dans celui de décentralisation, ce qui laisse ainsi apparaître une interconnexion entre le Sénat, la décentralisation et la démocratie locale.

Le rapport du Sénat à la décentralisation a déjà été présenté ; il ne reste plus que l'impact que l'organe parlementaire peut avoir sur le rayonnement de la démocratie dans les sphères locales. À ce niveau, l'ordre politique camerounais présente nettement une double identité citoyenne, procédant à une distinction conséquente entre la citoyenneté populaire et la confrérie des chefs traditionnels. Dès lors, la promotion de la démocratie locale exige une didactique démocratique au niveau des structures locales en général (A), mais aussi une réflexion innovante, voire réformatrice, sur le positionnement institutionnel de la chefferie traditionnelle (B).

A- Le Sénat et le rayonnement de la démocratie locale

Bien que le concept de démocratie locale soit de construction récente, Alexis de TOCQUEVILLE indiquait déjà que « c'est dans la commune que réside la force des peuples libres. Les institutions communales sont à la liberté ce que les écoles primaires sont à la science »[336]. L'auteur signifiait ainsi que le niveau local est le socle de la démocratie à l'échelle universelle ou, peut-être, plutôt « *le dernier territoire de la démocratie* » suivant l'expression de

[336] De TOCQUEVILLE (A.), *De la démocratie en Amérique,* Paris Gallimard, 1968, p. 72, cité par ATEMENGUE (J.de N.), « La République du Cameroun est un État unitaire décentralisé », in ATANGANA AMOUGOU (J.-L.) (dir.), *La Constitution de la République du Cameroun,* L'Harmattan, 2025 p. 198.

Vincent AUBELLE[337]. Que la démarche soit inductive ou déductive, on peut constater que le niveau local est le lieu d'expérimentation par excellence de la démocratie directe, de la démocratie indirecte ou même de la démocratie semi-représentative[338]. C'est principalement au niveau communal que se mobilisent plus efficacement les modes de fonctionnement démocratique et que se manifeste la recherche de nouveaux moyens d'expression ou de contrôle. Ces outils portent sur les processus de décision, dans le dessein d'améliorer le système de représentation et de délibération, ou visent le régime de l'information et de la participation, afin de garantir un meilleur système de contrôle aux électeurs.

La démocratie locale, dans tous les cas, s'insère alors dans l'ordre de la démocratie représentative. Ainsi, la « *qualifiée par le cadre ou le niveau de l'organisation administrative auquel elle s'exerce* » serait tronquée, car la notion révèle une réalité beaucoup plus nuancée. Le concept de démocratie locale, signale Gérard MARCOU[339], renvoie simplement à une forme de liberté qui garantit une autonomie aux Collectivités Territoriales Décentralisées pour l'exercice des compétences qui leur sont transmises, et qui induit un mode d'organisation et de fonctionnement de ces entités locales basés sur des principes démocratiques. La problématique de la démocratie locale est donc avant tout une question de liberté contenue dans la Constitution, la « libre administration », engendrée par le mécanisme de

---

[337] AUBELLE (V), « Le sens de la démocratie locale », in La démocratie locale. Représentation. Participation et espace public, CURAPP/CRAPS, PUF 1999, p.272.

[338] L'article 2 de la Constitution consacre un système de démocratie semi-directe au Cameroun.

[339] MARCOU (G.), « La démocratie locale en France : aspects juridiques », https://extra.u-picardie.fr/outilscurapp/medias/revues/43/gerard_marcou.pdf_4a0a90d526e5f/gerard_marcou.pdf

la décentralisation. La collectivité locale, personne morale bénéficiaire, est tenue d'en jouir conformément aux exigences de la démocratie représentative élaborée à l'échelle nationale. La démocratie locale n'est donc pas une forme particulière de démocratie, celle-ci ne pouvant se concevoir que dans un périmètre de souveraineté. Tel est le sens de la formule constitutionnelle selon laquelle les Collectivités Territoriales Décentralisées « s'administrent librement par des conseils élus et dans les conditions fixées par la loi »[340].

Il apparaît ainsi que la décentralisation rime avec démocratie locale, au sens d'autonomie locale et de gouvernance selon le modèle démocratique. Dès lors, l'effort sénatorial vers une plus forte volonté de décentralisation devra s'articuler avec des exigences relatives à la mise en place d'un cadre de gouvernance qui favorise la consultation et une implication assez forte de la population dans la gestion des affaires locales. La discipline budgétaire, l'approche délibérative, la transparence, l'éthique, la compétence technique, l'obligation de rendre compte, l'efficacité et l'efficience… sont autant de défis et de paris que les sénateurs doivent inscrire à l'ordre du jour dans le système de fonctionnement des entités territoriales. Et ils ne le feront pas comme une institution extérieure à l'environnement local, mais davantage comme une structure territorialement ancrée, en tant que la « *maison des collectivités territoriales* »[341]. Les sénateurs sont appelés à participer à l'élaboration des politiques de développement des territoires, assurer leur mise en œuvre

---

[340] Article 55, alinéa 2 de la Constitution.

[341] Allocution de Christian PONCELET lors de son élection à la Présidence du Sénat le 08 octobre 1998 ; citée par LAMOUROUX, (S), « les relations entre le Sénat et la décentralisation », Droit constitutionnel.org ; Léon GAMBETTA, lui-même, considérait le Sénat comme le « Grand Conseil des communes de France ».

et faire progresser les mécanismes démocratiques dans la désignation des autorités et la prise des décisions au niveau local, à suivre l'exécution des programmes budgétaires au niveau local et donc veiller à la réalisation effective des objectifs budgétaires. Ils sont engagés à favoriser le renforcement des liens entre les citoyens et les élus locaux, construire une démocratie de proximité et renforcer les outils de la démocratie participative.

La décentralisation reflète dans les ressorts territoriaux la poussée démocratique en vigueur à l'échelle nationale. L'état des lieux ayant, dans l'un et l'autre cas, un impact sur le mouvement de développement local et la croissance économique. La promotion de la démocratie de proximité apparaît alors comme un enjeu de pérennisation de l'État décentralisé et le Sénat se doit de contribuer à son enracinement ; sans renoncer à ses fonctions de législation et de contrôle, le Sénat pourrait mobiliser une fonction de pédagogie auprès des élus locaux, s'assurer que les compétences transférées sont exécutées commodément, bâtir des « relations locales » dans les territoires sur les principes de libertés et de démocratie.

Le Sénat et ses membres se montrent particulièrement attentifs aux thématiques ayant trait à la décentralisation, aux libertés locales, à l'organisation et au fonctionnement des Collectivités Territoriales Décentralisées. L'organisation et le bon fonctionnement de la démocratie locale suivant les exigences de dialogue, d'égalité et de participation sont autant de principes que la Chambre haute aiderait à implanter. Sous d'autres cieux, en France notamment, le Sénat s'attache à mettre en place des groupes d'études ou de travail qui élaborent des Rapports sur des questions diverses relatives aux Collectivités Territoriales Décentralisées : statut de l'élu local, gouvernance locale, les transferts de compétences et de personnels, l'intercommunalité, etc.[342] Les sujets d'intérêt sont donc nombreux et diversifiés : organisation territoriale de la décentralisation, collaboration locale, intercommunalité, coopération décentralisée, financement des projets locaux, gestion des crises, bien-être social et statut de la chefferie traditionnelle.

B- Le Sénat et la réforme de la chefferie traditionnelle

On constate que le Sénat camerounais ne reflète pas seulement la diversité des territoires, mais qu'il incarne aussi une certaine forme d'hétérogénéité, voire de différenciation sociale. Cela peut heurter l'idéal fondamental du pays qui ne reconnaît et ne protège que les valeurs traditionnelles conformes aux principes démocratiques, aux droits de l'homme et à la loi[343].

En effet, d'une part, certains conseillers régionaux, représentants du commandement traditionnel[344], font partie du collège électoral Sénatorial. Ces conseillers particuliers sont élus par une confrérie de nobles locaux, les chefs traditionnels, eux-mêmes désignés par l'administration après des consultations purement administratives[345]. Les actes de désignation de ces chefs traditionnels échappent au

---

[342] À titre prospectif, on peut observer que Le Sénat français organise les États généraux des élus locaux et participe activement au salon des maires.
[343] Article premier alinéa 2 de la Constitution.
[344] Article 57 de la Constitution.
[345] L'article 15 du Décret n° 77/245 du 15 juillet 1977 portant organisation des chefferies traditionnelles, modifié par Décret n° 2013/332 du13 septembre 2013, dispose que : « les chefs de 1er degré sont désignés par le Premier Ministre ; ceux du 2e degré par le ministre de l'Administration territoriale et ceux du 3e degré par le Préfet ».

contrôle du juge[346], étant assimilés aux actes de Gouvernement[347]. Or, la participation citoyenne par le principe électif et le contrôle juridictionnel constituent des matrices fondamentales de la démocratie représentative.

D'autre part, le pouvoir colonial et post-colonial a structuré la chefferie traditionnelle et dompté les chefs traditionnels pour en faire des instruments de *« domestication étatique du local »*[348]. La doctrine constate ainsi qu'en reléguant les chefs traditionnels au rang d'agent public, auxiliaire de l'administration soumis en conséquence au principe de la subordination hiérarchique, l'État procède à la rupture du contrat de représentation qui existait entre les chefs et leurs sujets[349]. De la représentation coutumière, on assiste à un assujettissement administratif par un procédé de désignation administrative, un droit à rémunération conséquent ainsi qu'un régime disciplinaire. Parti de l'ordre de représentation locale d'essence locale, la chefferie

---

[346] La Loi n° 80/31 du 27 novembre 1980 dessaisissant les juridictions des affaires relatives aux contestations soulevées à l'occasion de la désignation des chefs traditionnels.

[347] CA/CS, n° 40/CS/CA/79-80 du 29 mai 1980, MONKAM TIENCHEU David contre/ ÉTAT du Cameroun ; n° 60/CS/CA/85-86 du 15 mai 1986, NGOONG MANDENG Christophe contre/ État du Cameroun.

[348] ZELAO (A.), Autorités traditionnelles et désirs d'hégémonie dans le champ politique du Nord-Cameroun », Studia Politica, Romanian Political Science Review, 2017, 17(2), p. 355s, cité par NGAH (A.M.), « Chefferie traditionnelle et décentralisation au Cameroun : réflexion sur le rôle paradoxal d'une institution complexe », in NOUAZI KEMKENG (C. V.) et GUIMDO DONGMO (B.-R.) (dir*.), La décentralisation territoriale au Cameroun (Jeux, enjeux, nouveaux acteurs et nouveaux défis),* Préface Joseph OWONA, L'Harmattan, 2024.

[349] NGAH (A.M.), « Chefferie traditionnelle et décentralisation au Cameroun : réflexion sur le rôle paradoxal d'une institution complexe », in NOUAZI KEMKENG (C. V.) et GUIMDO DONGMO (B.-R.) (dir*.), La décentralisation territoriale au Cameroun (Jeux, enjeux, nouveaux acteurs et nouveaux défis),* Préface Joseph OWONA, L'Harmattan, 2024, p. 121.

traditionnelle se retrouve sous une féroce coupole administrative, toute chose qui jure avec son identité et limite son mode déploiement.

L'enjeu est alors de reconfigurer la place de la chefferie traditionnelle dans l'architecture de la décentralisation territoriale, de lui façonner une représentation nationale qui réconcilie l'institution avec ses fondements et cadre avec l'idéal national : faire de la chefferie traditionnelle une institution de représentation nationale qui, ainsi, rentrerait dans un modèle républicain qui transcenderait les clivages ethnocentriques pour forger une véritable identité nationale tirée de la diversité du pays[350]. Après la gloire précoloniale, les persécutions impérialistes et l'instrumentalisation post-coloniale, les chefferies traditionnelles pourraient à présent se révéler comme des « partenaires idoines pour la concrétisation effective des réformes de gouvernance décentralisée des États »[351].

Cette orientation est de nature à résorber le déficit de représentativité de la chefferie traditionnelle, lequel déficit rejaillit sur la légitimité de la Chambre haute. Cette dernière gagnerait alors à polir sa propre image en poussant à la construction d'un modèle de bicamérisme plus approprié qui consacrerait une représentation nationale de la chefferie traditionnelle, une représentation du peuple davantage que celle des populations locales ; sortir la chefferie traditionnelle de l'ordre administratif pour l'intégrer dans un ordre de représentation politique sui generis ; partir de l'antichambre de l'exécutif pour intégrer formellement une Chambre du législatif suivant un processus qui élude le concours des partis politiques. Il faudra alors trouver un

---

[350] Le Cameroun, qualifié d'« Afrique en miniature », est l'un des pays les plus diversifiés du continent : environ 239 langues nationales, quatre formes de relief avec des spécificités culturelles.
[351] NGAH (A.M.), op. cit., *ibid.*

chemin d'enrôlement populaire si la voie d'expression démocratique, le suffrage direct ou indirect, se trouve privilégiée comme mode d'accession à la dignité cheffale.

En l'état, le Sénat se montre réservé quant à une conjonction formelle avec la chefferie traditionnelle, préférant se saisir des particularités de ce corps social dans le cadre de ses rapports avec les collectivités territoriales[352]. On peut comprendre les hésitations de l'institution parlementaire dont la vocation demeure, avant tout, de représenter le peuple et non des corps sociaux. Cependant, en contribuant au rayonnement de la décentralisation et à la promotion de la démocratie locale, la Chambre haute du Parlement semble devoir appeler à un renouveau du modèle traditionnel, afin de favoriser une plus grande harmonie entre le système de la chefferie traditionnelle et les exigences démocratiques. À ce propos, plusieurs pistes peuvent être explorées : rechercher un mécanisme plus inclusif de dévolution et de désignation au sein des chefferies traditionnelles, le régime de choix lignager ayant parfois créé des tensions entre les familles nucléaires et les membres du lignage régnant ; élaborer un système plus commode de participation de la chefferie traditionnelle à la vie citoyenne.

---

[352] La chefferie traditionnelle n'a pas été associée à la première rencontre entre le Sénat et les Collectivités Territoriales Décentralisées organisée en juin 2025 au Sénat.

CONCLUSION :

SÉNAT ET STABILITÉ INSTITUTIONNELLE

La présence du Sénat, seconde Chambre de représentation nationale, peut paraître difficile à justifier dans le contexte d'un État unitaire à l'instar de la République du Cameroun. Cette difficulté n'est cependant pas rédhibitoire car il n'existe aucune incompatibilité fonctionnelle[353] entre le bicamérisme et l'État unitaire, ce modèle de structuration parlementaire offrant des possibilités d'adaptation à une « *conception polycentrique* » de l'État de type fédéral, régionaliste ou décentralisée[354]. On s'accorde, au demeurant, pour dire que le système bicaméral est le mieux adapté aux sociétés complexes, et que la présence des secondes chambres est à la démocratie ce qu'une cour constitutionnelle est à l'État de droit[355].

---

353 MOREL, (B.) *Le Sénat et sa légitimité. L'institution interprète d'un rôle Constitutionnel*, Dalloz, 2018, p. 132.

354 BIRGOLOTTI, (M) *Le bicamérisme en droit comparé : la confrontation de la France et de l'Italie*, thèse, Droit public, Université de REIMS CHAMPAGNE-ARDENNE, 2021, 465 p.

355 GELARD (P). *« À quoi peut donc servir une seconde chambre en démocratie ? in Le nouveau Constitutionnalisme, Mélanges en l'honneur de Gérard Conac*, 2001, Economica, p. 139 et s., cité par NGUEMO TSIDIE (S.T.), *« À quoi sert le Sénat ? Réflexion sur les fortunes du bicamérisme au Cameroun et au Gabon à l'ère des nouveaux défis étatiques », art. préc., p. 169.*

Le Cameroun est un État unitaire décentralisé, et complexe par son histoire, sa sociologie et sa géographie. Pour cela, le constituant a choisi un modèle de bicamérisme qui indique que le suffrage universel direct n'est pas le seul mode possible de représentation de la nation : l'Assemblée Nationale issue du vote populaire n'assure pas une représentation complète de la nation puisqu'une seconde Chambre, le Sénat, désignée différemment, est nécessaire pour former le Parlement[356].

Dans cet environnement complexe, le bicamérisme n'est pas une entrave à la démocratie, mais plutôt une opportunité. La seconde Chambre parlementaire qui en garantit l'existence s'intègre convenablement dans le dispositif institutionnel de l'État et contribue à modérer, voire à contenir les poussées politiques entraînées par des dynamiques inappropriées. La Chambre haute du Parlement atténue les ardeurs de la Chambre basse et, en même temps, renforce le contrôle du Gouvernement. Elle se positionne ainsi à la fois comme contre-pouvoir à l'Assemblée nationale[357], contre-pouvoir du Gouvernement[358] et, le cas échéant, contre-pouvoir au présidentialisme ambiant[359].

---

[356] « Faire représenter la société, au sommet de l'État, par deux grandes assemblées, représentant, l'une la nation à l'état de molécules, c'est la Chambre des députés, l'autre la nation à l'état organique ou dans ses organes vivants, c'est le Sénat ».

[357] L'Abbé de SIEYES en donne pleinement le sens : « une seconde Chambre en conflit avec la Chambre populaire est inadmissible et une seconde Chambre en accord avec la Chambre populaire est inutile », cité par Benjamin MOREL, *Le Sénat et sa légitimité. L'institution interprète de son rôle Constitutionnel*, op. cit., p. 110.

[358] BOYER (V.), « Le Sénat, contre-pouvoir au bloc majoritaire ? », Revue de droit Constitutionnel, n° 85, 2011, p. 43.

[359] Le système politique camerounais ne se laisse pas facilement catégoriser. La doctrine a fini par parler de régime de type présidentialiste. Voir, à ce sujet, MOLUH (Y.), « l'introuvable nature du régime camerounais issu de la Constitution du 18 janvier 1996 » in MELONE (S.), MINKOA SHE (A.) et SINDJOUN (L.) (dir.), *La*

Son Président[360], deuxième personnage de l'État, dispose d'importantes prérogatives[361] et assure l'intérim en cas de vacance de la présidence de la République[362] : il est le garant de la continuité de l'État en période de crise, et apparaît ainsi comme un outil majeur de stabilité institutionnelle.

Par ailleurs, la stabilité du Sénat lui-même, liée à son indissolubilité, lui confère assez de marges pour développer une fonction prospective, éclairer l'avenir en devenant un laboratoire d'idées, conduire une réflexion collective sur les défis fondamentaux de l'État de droit, bref « *devenir un outil de réflexion, d'innovation, de transparence et d'anticipation* »[363]. À la différence de la Chambre basse tenue de vivre en symbiose avec le Gouvernement et dont le mode d'élection contraint à un « inévitable spontanéisme »[364], l'institution sénatoriale ne semble pas faite pour s'aligner sur

---

réforme Constitutionnelle du 18 janvier 1996 au Cameroun. Aspects juridiques et politiques, Fondation Friedrich Ebert au Cameroun, Yaoundé, 1996, p. 242 et s.

[360] KOUAM (S.P.), « le statut Constitutionnel du Président du Sénat », in OLINGA (A. D.), (dir.), *Le Sénat au Cameroun,* éd. CLE, Yaoundé, 2016, p. 189s ; LAFAILLE (F.), « Le Président du Sénat », http://www.cairn.info.ressources.univ-poitiers.fr/article_p.php?ID_ARTICLE=POUV_159_0041, consulté le 03/12/2016.

[361] Il propose à la nomination trois membres du Conseil Constitutionnel qu'il peut également saisir seul ou en concours avec d'autres sénateurs (art. 51, 47 et 48 de la Constitution) ; il est consulté dans des circonstances particulières : projets de textes référendaires (art. 36 de la Constitution), prorogation du mandat des Députés (art. 15 de la Constitution), prorogation ou abrègement du mandat des conseillers municipaux (art. 170 du Code électoral), etc.

[362] Article 6 alinéa 4 de la Constitution ; voir à ce sujet, KOUAM (S.P.), « le statut Constitutionnel du Président du Sénat », in OLINGA (A. D.), (dir.), *Le Sénat au Cameroun, éd.* CLE, Yaoundé, 2016, p. 231 et s.

[363] AKO'O AKOUAFANE, (J.C) *Le Sénat au Cameroun et en Afrique,* L'Harmattan, 2011, p. 87.

[364] BAGUENARD, (J), *Le Sénat,* PUF, 2e édition, 1997, p. 81.

les majorités de plano[365]. Au Sénat, les majorités ne devraient pas aller de soi, mais se construire assez souvent sur la base de valeurs dénuées de polarisation partisane. La Chambre haute représente la possibilité de majorités d'idées aptes à dépolitiser certains enjeux économiques ou de société. La vocation de la Chambre haute du Parlement est de garantir l'équilibre des institutions en période normale, mais aussi la légalité et la stabilité institutionnelle en périodes de crises.

Cette orientation pourrait mieux se construire avec une réforme du mode de recrutement des membres de la Chambre. Il serait peut-être plus compréhensible que le choix des dignitaires traditionnels appelés à siéger au Sénat se produise en dehors du concours des partis politiques, d'autant plus que rien n'oblige le Président de la République à procéder à la nomination de la frange qui lui incombe avec un cadrage partisan. Pourrait-on, dans cette mesure, ouvrir la possibilité des candidatures indépendantes aux sénatoriales ? Ouvrir une réflexion sur ce pouvoir de désignation de certains membres du pouvoir législatif accordé au chef du pouvoir l'exécutif ? Prenant en compte cette vocation du Sénat à plus de neutralité, ne faudrait-il pas renforcer ses compétences parlementaires et lui reconnaître d'autres prérogatives d'ordre électif ou juridictionnel ?

La revitalisation de l'institution sénatoriale devrait s'opérer également au sein du Parlement, au moyen d'un rééquilibrage des pouvoirs législatifs entre les Chambres et d'une meilleure rationalisation du travail législatif. S'inspirant du modèle français, l'Institution pourrait bénéficier d'un droit

---

365 L'expérience française est à ce point riche d'enseignements : se mettant au-dessus des considérations de majorité partisanes, le Sénat s'est rallié au Président Mitterrand pour abroger la peine de mort en 1981 ou, plus récemment, quand il s'est opposé à ce que les Français naturalisés puissent être déchus de leur nationalité s'ils étaient condamnés pour un crime.

de priorité pour l'examen des projets de texte ayant trait à la décentralisation et au bon fonctionnement des Collectivités Territoriales Décentralisées en général[366]. En matière administrative, on pourrait associer les sénateurs à la nomination aux plus hautes fonctions de l'État : le « cénacle des sages » pourrait se voir doté d'un pouvoir d'approbation ou à tout le moins d'avis pour la nomination aux plus hautes fonctions de la République[367]. Sur le plan juridictionnel[368], la Haute Assemblée pourrait davantage garantir une meilleure compréhension et, en conséquence, une meilleure sanction des infractions relevant de l'ordre politique. Il en sera ainsi, des infractions de haute trahison ou d'atteinte à la sûreté de l'État aujourd'hui confié tantôt à la Cour de Sureté de l'État, tantôt à la Haute Cour de Justice. N'a-t-on pas souvent dit que si l'Assemblée Nationale fait la politique, le Sénat, quant à lui, est chargé de dire le Droit[369] ?

---

[366] L'article 39 de la Constitution française dispose que « … Les projets de loi de finances et de loi de financement de la Sécurité sociale sont soumis en premier lieu à l'Assemblée nationale… les projets de loi ayant pour principal objet l'organisation des collectivités territoriales sont soumis en premier lieu au Sénat ».

[367] SCHWAB (Ph.), « La fonction élective et le contrôle des nominations du parlement », Communication à l'Association des Secrétaires généraux de Parlements, Session de Lusaka, mars 2016.

[368] Il est tout à fait curieux que, plus de dix ans après sa mise en fonctionnement, le Sénat ne soit pas représenté au Conseil supérieur de la Magistrature

[369] Ce ne serait pas une première, l'histoire politique de la France montre que, spécialement pendant la Restauration et la monarchie de Juillet, la Chambre des pairs qui faisait office de seconde Chambre du parlement remplissait une fonction législative, mais aussi une fonction judiciaire. Pour plus de détails comparatifs, voir, AZIMI (V.), « La fonction judiciaire de la Chambre des Lords », in Civitas Europa, n° 8, mars 2002, *La fonction représentative de la seconde chambre dans l'état unitaire. Les exemples français et anglais*, Colloque du G.R.E.P. Nancy, le 9 novembre 2001, p. 79s.

Sans doute, pourrait-on s'étonner de ces propositions qui tendent à reconsidérer les fonctions politiques et réinventer des fonctions administratives, voire juridictionnelles, au Sénat, et qui auraient pour conséquence de dénaturer la fonction du Parlement, qui est un organe essentiellement législatif. Cette critique serait pertinente si l'on s'arc-boute sur les limites actuelles du parlementarisme, acculé et confiné à des tâches circonscrites sous l'influence de la théorie du parlementarisme rationalisé. La rénovation et la réinterprétation du modèle représentatif nous rappelleraient pourtant que le peuple souverain, la nation représentée, est détenteur du pouvoir qu'il lui plairait de redistribuer de telle manière qu'elle jugerait efficace entre les institutions. On se souviendra alors, au plan historique, que les Parlements[370] ont souvent eu des fonctions administratives, juridictionnelles et politiques[371].

Sur un autre plan, le Sénat actuel bénéficie de ce que l'on a appelé un « bonus constitutionnel », résultant de sa désignation pour assurer la Représentation des Collectivités Territoriales Décentralisées. Cela se justifie, sans doute, mais en partie, par la composition du corps électoral sénatorial ; cela induit, surtout, une mission prioritaire d'accompagnement des processus de décentralisation et un

[370] Sous l'ancien régime, il s'agissait avant tout des Cours de Justice composées de magistrats sélectionnés.

[371] - Fonction judiciaire : les parlements connaissent en première saisine de certaines affaires particulières par leur nature (crime de lèse-majesté, affaires domaniales…) ou l'identité des parties (princes de sang et hauts personnages du régime…) et en appel des décisions rendues par les juridictions inférieures de la royauté. - Fonction administrative : les parlements émettent des arrêts de règlement sur des matières très variées : commerce, agriculture, hygiène, transport, etc. – Fonction politique : le parlement dispose du droit d'enregistrement des Ordonnances du Roi et du droit de remontrance c'est-à-dire de rejet de la demande d'enregistrement de l'acte royal.

droit de préemption sur les préoccupations des Communes, des Communautés urbaines et des Régions.

L'institution ne semble cependant pas, en l'état, avoir pris toute la mesure des défis qui s'y rattachent. Pourrait-elle, pour autant, aller jusqu'à interférer entre l'exécutif et les Collectivités Territoriales Décentralisés, afin de garantir l'effectivité de la décentralisation, le développement local et l'épanouissement conséquent des citoyens ? Façonner, ce faisant, de nouveaux paradigmes de la mission parlementaire ?

Il y a lieu d'en douter au regard de l'étendue actuelle des prérogatives parlementaires dans le pays. Cette inquiétude interpelle néanmoins sur le besoin d'une clarification institutionnelle qui viendrait préciser le sens de la Représentation des collectivités territoriales par le Sénat. D'autant plus que, de par la configuration de son corps électoral, le Sénat camerounais semble représenter à la fois les élus locaux et les chefs traditionnels, ce qui génère une certaine crise de légitimité résultant du choix d'un modèle démocratique peu ajusté.

Le Sénat souffre en effet d'un déficit de légitimité populaire, conséquence de son régime électoral : la présence voilée de la corporation des chefs traditionnels au sein du collège électoral, la désignation des sénateurs sur une base strictement territoriale sans prise en compte du poids démographique des Régions, la nomination de certains membres de cette institution parlementaire par le Président de la République, Chef du pouvoir exécutif, sont autant d'éléments qui entachent l'image démocratique de la Chambre.

Le défi est sans doute de repenser la Chambre haute du Parlement pour la mettre au service de la démocratie[372] ; elle pourrait renforcer sa légitimité en opérant une mue, non seulement vers le renforcement de sa représentativité populaire, mais aussi par l'accroissement des garanties de sa qualité d'assemblée de sages et d'experts. Plusieurs voies s'ouvrent dans ce sens, dont certaines nécessitent des réformes constitutionnelles : l'affirmation de la représentation parlementaire de la chefferie traditionnelle redéfinie comme une matrice fondamentale du système politique camerounais, la mise en harmonie de la représentativité territoriale avec le poids démographique des circonscriptions, le suivi plus efficient des processus de décentralisation et l'animation de la démocratie locale. Sa restructuration contribuera à accélérer la marche du Cameroun vers plus de démocratie, dans la veine de la dynamique enclenchée depuis l'avènement du Renouveau[373].

Ces réformes garantiront de beaux jours au bicamérisme camerounais. Le bicamérisme apparaît, en effet, le système parlementaire sous lequel vivent actuellement le plus grand nombre d'habitants de la planète et celui qui a été choisi par les États les plus puissants économiquement[374].

---

372 DEROSIER (J.-P.), « Le bicamérisme : un défi et un enjeu démocratique », LPA, mars 2007, n° 45, p. 7.

373 Ligne politique du Président Paul BIYA, axée sur la rigueur, la moralisation, la libéralisation et la démocratisation. Voir, à ce sujet, Paul BIYA, *Pour le libéralisme communautaire*, nouvelle édition Favre - Sopecam, mars 2024, 216 p.

374 « Le bicamérisme, une idée d'avenir », Actes du Forum des Sénat s du monde, Palais du Luxembourg, Paris, 14 mars 2008.

BIBLIOGRAPHIE

Ouvrages

ABANE ENGOLO (P.E.), (dir.), *La Décentralisation (Représentation, financement et évolutions récentes)*, Paris, L'Harmattan, 2022.

AKAM AKAM(A.) et KOUAM (S.P.), (dir.), *Le libéralisme communautaire de Paul BIYA, Une idée de l'État et de l'unité nationale*, Paris, L'Harmattan, 2022.

ATANGANA AMOUGOU (J.-L.), (dir.), *La Constitution de la République du Cameroun, Commentaire article par article*, Paris, L'Harmattan, 2024.

AVRIL (P.), GICQUEL (J.), et GICQUEL (J.-E.), *Droit parlementaire*, 5e éd., LGDJ, Domat droit public, 2014.

BEL (J.P.), *Le Sénat à l'Heure du changement : plaidoyer pour un bicamérisme rénové*, Paris, Fondation Jean Jaurès, 2011.

BASTID (P.), *Le Gouvernement d'assemblée*, Paris, Cujas, 1956.

BAGUENARD (J.), *le Sénat*, PUF, 2e édition, 1997.

BAYARD (J. F.), *L'État en Afrique*, édition fayard, février, 1989.

CAMBY (J.-P.) et SERVENT (P.), *Le travail parlementaire sous la cinquième République*, Paris, 3e éd., Montchrestien, 1997.

CARRE DE MALBERG, *Contribution à la théorie générale de l'État*, Dalloz, 2004.

CHANDERNAGOR (A.), *Un Parlement pour quoi faire ?* Gallimard, 1967.

CHANTEBOUT (B.), *Droit constitutionnel et science politique*, 24e éd., Paris, Dalloz, 2007.

CHEVALIER (F.), *Le Sénateur français 1875-1995*, LGDJ, Paris, 1998, p. 248.

CLUZEL (J.), l'indispensable Sénat, économica, Paris, 1998

COTTERET (J.M.) et EMERI (C.), *les systèmes électoraux*, PUF, Que sais-je ? 1970.

DELCAMP (A.), *Le Sénat et la décentralisation*, Economica, Paris, 1991

DIOP (M.), *Propos d'un Sénateur. Réflexions sur la place et le rôle du Sénat dans le système politique sénégalais*, Dakar, Clairafrique, 2012, 138 p.

EFOUA MBOZO'O, *Pratique et procédure parlementaire*, Yaoundé, Herodole, 1999

EKO'OAKOUAFANE (J. Cl.), *Le Sénat au Cameroun et en Afrique*, Paris, L'Harmattan, 2011

EKO'OAKOUAFANE (J. Cl.), *La décentralisation administrative au Cameroun*, L'Harmattan, 2009.

ENGOLO (P.E.) et MARKUS (J.-P.), *La fonction présidentielle au Cameroun*, Paris, L'Harmattan, 2018.

FAURE (B.), *Droit des Collectivités Territoriales Décentralisées*, 7e éd., Dalloz, 2023.

GICQUEL (J.) et GICQUEL (J.-E.), *Droit constitutionnel et institutions politiques*, 26e éd., Paris, Montchrestien, 2012.

GRANGE (J.), *Les déformations de la représentation des collectivités territoriales et de la population au Sénat*, RFSP, 1999, p.5.

GRANGE (J.), *Le système d'élection des sénateurs et ses effets*, Pouvoirs 44, 1988.

GONIDEC (P.F.), *l'État africain*, LGDJ, 1970.

GRAWITZ (M.), *Méthode des Sciences sociales*, 11e édition, Dalloz, 2001.

GUCHET (Y.), *Le droit parlementaire*, Paris, Economica, 1996.

HAMON (F.), TROPER (M.), *Droit constitutionnel*, 33e éd., Paris, LGDJ, 2012.

HANS KELSEN, *Théorie du droit pur*, Paris, Dalloz, 2e éd., 1962.

HERIN (J. -L.), *Le Sénat en devenir*, Paris, PUF, 1992 ; 2e éd., Paris, Montchrestien, 2012.

HAURIOU M, *Précis de droit constitutionnel*, éd du CNRS, 1965

KAMTO (M.), *Pouvoir et droit en Afrique Noire. Essai sur les fondements du constitutionnalisme africain*, Paris, LGDJ, 1987.

KAMTO (M.), *Traité de droit constitutionnel et des Institutions politiques du Cameroun*, Yaoundé, PUC, 2021.

KANKEU (J.), *L'Etat-Nation camerounais Contribution aux cinquantenaires de l'Indépendance et de la Réunification, Bafoussam*, Ed. des Huits Jours de la Semaine, Presses Universitaires de la Périphérie, 2010, 146 p.

KUOH MANGA, *Cameroun, un nouveau départ*, L'Harmattan, Paris, 1996, 158 p.

KOUOMEGNE NOUBISSI(H), *Décentralisation et centralisation au Cameroun : compétence entre l'État et les collectivités locales*, Paris, L'harmattan, 2020.

KY (A.), *L'économie politique de la décentralisation en Afrique* (les défis actuels du Burkina-Faso), préface Bernard DAFFLON, L'Harmattan, 2020.

LAVROFF (D.G.), *Le droit constitutionnel de la Vème République*, Paris, Dalloz, 1997.

MILLET (M.), « Le Sénat : seconde chambre de perfectionnement ou pôle conservateurs ? », CAIRN-Info, Cahiers français, 2025/5, n° 445, p. 84s.

MANIN (B.), *Principes du Gouvernement représentatif*, Flammarion, 2019.

MARICHY (J. P*), la seconde chambre dans la vie politique française depuis 1875*, Paris, LGDJ ,1967.

MBALLA EFFA (J.), *Lexique des termes de la décentralisation en droit public*, EUE, 2023.

MBONG (J.-Cl.), *Budgétisation par programme et mesure de la performance*, Yaoundé, SOPECAM, 2022.

MELONE (S.), MINKOA SHE (A.), SINDJOUN (L.), (dir.), *La réforme constitutionnelle du 18 janvier 1996 au Cameroun. Aspects juridiques et politiques*, Fondation Friedrich-Ebert, Yaoundé, 1996

MONTIS (A. de) et MONGE P., (dir), *Dictionnaire encyclopédique du Parlement*, Bruylant, 2023.

NAMA AZANG (D.), *Lumières sur l'administration de l'Assemblée Nationale au Cameroun*, Paris, L'Harmattan, 2012.

NGA (M.M.), MIAMO WENDJI (dir.), *Décentralisation et développement local au Cameroun, Une analyse de la contribution du PNDP*, Paris, L'Harmattan, 2022, 430 p.

NGALANI TOKO (R.), *Propos sur l'Etat-Nation*, Paris, L'Harmattan, 2010, 172 p.

NGAYAP (P.F.), *Le droit parlementaire au Cameroun*, Paris, L'Harmattan, 2017.

NOUAZI KEMKENG (C. V.) et GUIMDO DONGMO (B.-R.) (dir.), *La décentralisation territoriale au Cameroun (Jeux, enjeux, nouveaux acteurs et nouveaux défis)*, Préface Joseph OWONA, L'Harmattan, 2024.

MASTIAS (J.), *Le Sénat et la Ve République*, Economica, 1980.

MAUS D., Le Parlement sous la première République, PUF, 1985.

NACH BACK (Ch.), Démocratisation et décentralisation, Genèses et dynamiques des processus de décentralisation en Afrique subsaharienne, Paris ; Karthala, PDM, 2003.

NKOA ONDOA (B.), *La place du Sénat dans les jeux des pouvoirs au Cameroun*, EUE, 2024.

NJILIE (D.), *Le protocole dans la République*, L'Harmattan, 2008, 214 p.

NGUELE ABADA (M), *Le contrôle de constitutionnalité des lois au Cameroun, la constitution camerounaise du 18 janvier 1996, bilan et perspectives*, Afrédit, 2007.

OLINGA (A. D.), (dir.), *Le Sénat au Cameroun*, éd. CLE, Yaoundé, 2016, p. 189s.

OLINGA (A. D.), (dir.), *La réforme constitutionnelle du 18 janvier 1996 au Cameroun 25 ans après*, Afrédit, Yaoundé, 2021.

OWONA (J.), *Les systèmes politiques précoloniaux au Cameroun*, L'Harmattan, 2015

OWONA (J.), *La décentralisation camerounaise*, L'Harmattan, Paris, 2011.

PEKASSA NDAM (G. M.), MACHIKOU NDZESOP (N.), BIAKAN (J.) et NGANGO YOUMBI (E. M.), (dir.), Droit et Service Public, *Mélanges Etienne Charles LEKENE DONFACK, Vol. 1 et 2*, L'Harmattan, Paris, 2024.

PORTELLI (H.), *Droit constitutionnel*, 5e, Dalloz, 2003.

PACTET Pierre, *Institutions Politiques et Droit constitutionnel*, 15e éd, Armand colin, 300 p.

RAFFARIN (J. P.), « Pour un Sénat libre et moderne », www.carnetjpr.com, Paris, 2008.

RICHARD (M.), « Le protocole et le cérémonial sénatorial à la confluence du droit, de la diplomatie et de la mémoire », RDP n° 5, sept. 2020, p. 1317s.

ROBBE (F.), *La Représentation des collectivités territoriales par le Sénat. Étude sur l'article 24, alinéa 3, de la Constitution française du 4 octobre 1958*, Paris, LGDJ, 2001.

ROUSSILLON (H.), *Le Conseil Constitutionnel*, Paris, Dalloz, 5e éd., 2004.

ROUX (A.), *Droit constitutionnel local*, Paris, Economica, 1995.

ROSANVALLON (P.), *Le Modèle politique français. La société civile contre le jacobinisme de 1789 à nos jours*, Paris, Seuil, 2004.

ROSANVALLON (P.), *Histoire de la Représentation politique en France*, Paris, Gallimard, 1998.

TCHEUWA (J. Cl.), SENI ZRA (W.A.), ATEBAH (M.), *Le contentieux des Collectivités Territoriales Décentralisées au Cameroun*, Yaoundé, PUA, 2024, 289 p.

TROPER (M.), *La séparation des pouvoirs dans l'histoire constitutionnelle française*, Paris, LGDJ, 1980TEME (A.A.), *La mise en place du Sénat au Cameroun*, L'Harmattan, Paris, 2015

VERPEAUX (M.), *Droit des collectivités territoriales*, PUF, 2005.

ROUVILLOIS (F.), *Droit constitutionnel*, Flammarion, 2017.

ZELAO (A.), *Décentraliser au Cameroun – Dynamiques institutionnelles et logiques des acteurs*, L'Harmattan, Paris, 2018.

CIVITAS EUROPA, n° 8, mars 2002. « La fonction représentative de la seconde chambre dans l'état unitaire. Les exemples français et anglais. » Colloque du G.R.E.P. Nancy, le 9 novembre 2001.

CURAPP/CRAPS, *La démocratie locale, Représentation, participation et espace public*, PUF, 1999.

Les Sénats du monde : le Bicamérisme, une idée d'avenir, Paris, Publications du Sénat, 2000.

Les Sénats et la Représentation des Collectivités locales, Publications du Sénat, 2001.

THÈSES ET MÉMOIRES

AMOUGOU MVENG (S.C.), La chefferie traditionnelle bene à l'ère de la libéralisation politique du Cameroun et de ses ressorts : le cas de l'arrondissement de Nkol-Metet, Mémoire DEA, Université de Yaoundé II, 2009.

ANKOUMBEL (R. B), *Le Sénat en Droit constitutionnel camerounais,* Mémoire de Master II, Droit Public, Université de Yaoundé II, 2012

BIRGOLOTTI (M.), Le bicamérisme en droit comparé : la confrontation de la France et de l'Italie, Thèse, Doctorat Droit public, Reims, 2021.

BUJADOUX (J.F. de), Rationalisation du parlementarisme en France (XIX – XXI èmes siècles), Thèse, Doctorat Droit Public, Paris II Panthéon – Assas, 2019.

AVITSUNU KUAKUVI (K. A.), les secondes chambres du Parlement dans les états francophones : le cas du Burundi, de la France, du Gabon et du Sénégal, thèse Doctorat, U. Lomé, 2012

DONFACK SOCKENG (L.), Le droit des minorités et des peuples autochtones au Cameroun, thèse, Nantes, 2001.

ESSEBA (C.), *« la mise en place du Sénat et le processus démocratique au Cameroun »,* édition le Kilimandjaro, 2013

EFOUA MBOZO'O (S.), Le contrôle parlementaire de l'action Gouvernementale, Edition Clé, Yaoundé, 2015

EBOUSSI BOULAGA (F.), *La démocratie de transit au Cameroun,* L'Harmattan, Paris, 1997, 456 p.

FOULHIAC DE PADIRAC (D.), Le contrôle et l'évaluation parlementaire. L'impact de la réforme constitutionnelle du 23 juillet 2008, Thèse, Paris II, Panthéon-Assas, 2018.

FOPOUSSI FOTSO (), Faut-il brûler les chefferies traditionnelles ? Yaoundé, Éditions SOPECAM, 1991, 100 pages.

GALIBERT (A-M.), Décentralisation et pouvoir législatif : à travers deux siècles de débats et de documents parlementaires, thèse, Aix-Marseille 3, 1987.

GOLHLER (G.), « la représentation politique dans la démocratie », Trivium, Revue franco-allemande de sciences humaines et sociales, 16, 2014.

NGANG (J.M.), La représentation constitutionnelle des collectivités territoriales au Cameroun, Thèse, Doctorat droit public, Université de Yaoundé II, 2009.

MARCOU (G.), « La démocratie locale en France : aspects juridiques », in CURAPP/CRAPS, La démocratie locale Représentation, participation et espace public, PUF, 1999, p.21s.

MBASSI BEDJOKO, Le processus électoral au Cameroun, mémoire master, UCAC, 2004.

MOSSLER (G.), « La réforme de la Chambre des Lords », in Civitas Europa, n°8 ; mars 2002, p. 77s.

MOANES (H.), « Recherche sur les fondements du bicamérisme : bicamérisme et séparation des pouvoirs en France et en Tunisie, Thèse Toulouse 1, 2011

MONEMBOU (C.), La séparation des pouvoirs dans le constitutionnalisme camerounais : contribution à l'étude de l'évolution constitutionnelle, Thèse, Doctorat droit public, Université de Yaoundé II, 2011.

NGONO TSIMI (L.), L'autonomie administrative et financière des collectivités décentralisées : l'exemple du Cameroun, Thèse, Paris-Est, 2010, 561 p.

NTONGA BOMBA (S.V.), « La procédure législative devant l'Assemblée Nationale du Cameroun », Centre Africain de Formation et de Recherches Administratives pour le Développement (CAFRAD), Tanger, Maroc, 2022.

NKOLO (R.), *Sénat et Décentralisation territoriale au Cameroun,* Mémoire de Master II, Droit Public, Université de Yaoundé II, 2012

OJONG (Th.), L'infraction politique en droit pénal camerounais, mémoire DEA, Université de Douala, 2005.

TATIDOUNGKUETE *(A), l'Assemblée Nationale en Droit camerounais,* Mémoire de Master II, Droit Public, Université de Yaoundé II, 2012.

NKAIFON PEFURA, Le *Cameroun du multipartisme au multipartisme,* L'Harmattan, Paris, 1996, 254 p.

NJINGA TCHOUNGNIA (G.), le mandat des élus au Cameroun, contribution à l'étude du principe représentatif en droit public camerounais, thèse, Université de Douala, 2012, 686 p.

NKOA ONDOA (B.), *le Sénat au Cameroun entre nécessité et prestige,* mémoire, Université Yaoundé II, 2012

NGUELE ABADA (M.), « État de droit et démocratisation au Cameroun : Contribution à l'étude de l'évolution politique et constitutionnelle du Cameroun », thèse, droit public, Paris-I- Panthéon Sorbonne, 1995.

GINOVES M., *Le Sénat : grand conseil des communes de France ? : étude comparative des assemblées parlementaires de la Ve République, thèse, Aix-Marseille 3, 1987.*

LEKENE DONFACK (E. Ch.), L'expérience du fédéralisme camerounais : les causes d'un échec, Thèse, Droit public, Université de Clermont 1, 1979, 416 p.

GODEFROY (F.-É.), Le temps et la procédure législative. Étude des insuffisances de la révision constitutionnelle du 23 juillet 2008, Thèse, Rennes 1, 2018.

QUINART (E.), L'émancipation du pouvoir réglementaire (1914-1958), Thèse, Lille-Nord, 2019.

VOUFO (P.) ; la prorogation des mandats des élus au Cameroun, Thèse, Droit, Université de DSCHANG, 2018.

ZERARI (F.), l'autonomie des collectivités locales et les fondements du Conseil de la Nation en Algérie, Thèse, Bordeaux, sept. 2017, 449 p.

ARTICLES ET COMMUNICATIONS

ABA'A OYONO (J.-C.), « libre propos sur le Sénat en droit constitutionnel camerounais », Revue électronique Afrilex, 2015, p.1s.

ADA (P. G.), « L'émancipation du Parlement », in OLINGA (A.D.), (dir), *La réforme constitutionnelle du 18 janvier 1996 au Cameroun, 25 ans après*, Afrédit, Yaoundé, 2021, p. 203 s.

AFANE FONO (J.D.), « Interactions entre le travail des conseillers municipaux, conseillers régionaux et sénateurs », Le Messager, no 8008, 15 mars 2022, p.10.

AKONO (Chr. J.), « la souveraineté nationale appartient au peuple qui l'exerce soit par l'intermédiaire du Président de la République et des membres du Parlement, soit par voie de referendum. Aucune fraction du peuple ni aucun individu ne peut s'en attribuer l'exercice », in ATANGANA AMOUGOU (J.-L.) (dir.), *La Constitution de la République du Cameroun*, L'Harmattan, 2025 p. 264 et s.

AKONO (Chr. J.), « Le Sénat dans le protocole de la République », in OLINGA (A. D.), (dir.), *Le Sénat au Cameroun. Regards croisés sur une nouvelle institution*, éd. CLE, Yaoundé, 2016, p. 273s.

ANOUKAHA (F), « *La réforme de l'organisation judiciaire au Cameroun* », Juridis Périodique n° 68, 2006, P. 45-56

ANAPRODH, *« le rôle du Parlement camerounais dans la promotion des droits de l'Homme, de la démocratie et de l'État de droit »,* Contribution à la deuxième session du forum sur les droits de l'homme, la démocratie et l'état de droit, Genève, novembre 2018

AMOUGOU MVENG (S. Ch.), NKOA ONDOA (B.), « *le Parlement au Cameroun : entre prééminence juridique de l'Assemblée Nationale et primauté politique et symbolique du Sénat », Revue Burkinabé des Réflexions constitutionnelles, n⁰ 043, mars 2024, p. 31 et s.*

ANGUE (Chr. G.), « Le règlement intérieur du Sénat », in OLINGA (A. D.), (dir.), *Le Sénat au Cameroun. Regards croisés sur une nouvelle institution*, éd. CLE, Yaoundé, 2016, p. 113s.

ANTOINE (A.), « La Chambre des Lords », Revue internationale de droit comparé, n° 2, 2016, p. 359.

ATEMENGUE (J.de N.), « le régime électoral des sénateurs », in OLINGA (A. D.), (dir.), *Le Sénat au Cameroun. Regards croisés sur une nouvelle institution*, éd. CLE, Yaoundé, 2016, p. 175s.

ATEMENGUE (J.de N.), « la protection des minorités et la préservation des droits des populations autochtones au Cameroun. Une analyse prospective », in Revue de Droit International et de Droit comparé, n° 1, 2003, p.5s

ATTALI (J), « le Sénat pour quoi faire ? », L'express, 1998.

AZIMI (V.), « La fonction judiciaire de la Chambre des Lords », in Civitas Europa, n° 8, mars 2002, *La fonction représentative de la seconde chambre dans l'état unitaire. Les exemples français et anglais,* Colloque du G.R.E.P. Nancy, le 9 novembre 2001, p. 79s.

BODO (L.), « Le Sénat : un acteur majeur de la décentralisation », Cameroon Tribune, 11 avril 2023.

BOYER (V.), « Le Sénat, contre-pouvoir au bloc majoritaire ? », RFDC, n° 85, 2011, pp. 41 et s.

BRAUD (P.), « Théories de la représentation, Introduction » in *La Représentation,* Paris, Economica, 1985 – 1995, p. 33s.

BENETTI J., « Et si le Sénat n'existait pas ? », Pouvoirs, n° 159, 2016, p. 5.

BERNATCHEZ (S.), « De la représentativité du pouvoir législatif à la recherche de l'intention du législateur : les fondements et les limites de la démocratie représentative », Les Cahiers de Droit, n° 3, 2007, p. 449.

BILOUNGA (S.T.), « La crise de la loi en droit public camerounais », RADSP, vol.1, n° 1.

BIPELE KEMFOUEDIO (J.), « La tutelle administrative dans le nouveau droit camerounais de la décentralisation », Annales de la FSJP, Université de DSCHANG, 2005, p. 83s.

BOUDON (J.), « Le mauvais usage des spectres. La séparation "rigide" des pouvoirs », RFDC, n° 78, 2009, pp. 247 et s

CAMBY J.-P., « La transformation des conditions d'exercice du mandat parlementaire », Revue française de finances publiques, n° 168, 2024, p.19.

CHABROT (Ch.), « Démocratie et décentralisation : un couple platonique », Civitas europa, n° 11, septembre 2006.

DELCAMP (A.), « L'affirmation du Sénat », in MATHIEU(B.) (dir.), Cinquantième anniversaire de la Constitution de 1958, Paris LGDJ, 2008, p. 281.

DELCAMP (A.), « Les relations inédites de la majorité présidentielle avec un Sénat d'opposition », Politeia, no 23, 2013, p.300.

DEMICHE (A.), « L'évolution de la protection des minorités depuis 1945 », RGDIP, 1960, p. 22s

DONFACK SOKENG (L.), « Les ambigüités de la révision constitutionnelle du 18 janvier 1996 au Cameroun », in S. MELONÉ, A. MINKOA SHE, L. SINDJOUN (dir.), La réforme constitutionnelle du 18 janvier 1996 au Cameroun. Aspects juridiques et politiques, Fondation Friedrich Ebert, Association Africaine de Science Politique, 418 p., spéc., pp. 34-52. 23.

DOUNA NANG-WEYE (D.) et YASSINE OUMAR (M.), « Le renouveau du Parlement dans les états d'expression française. Étude à partir du Tchad à la lumière des réformes constitutionnelles de 2018 et de 2020 », R.I.D.S.P, Vol. 1, n° 4 – décembre 2021.

DAUGERON (B.), « Un parlementarisme oublié : la responsabilité politique des ministres devant le Sénat sous la troisième république », in Mélanges en l'honneur du doyen Jean-Pierre Machelon, op. cit., p. 251.

DONFACK SOKENG (L.), « Existe-t-il une identité démocratique camerounaise ? La spécificité camerounaise à l'épreuve de l'universalité des droits fondamentaux », in *RCSP,* Volume 1, n°1, 1996, p. 1s.

DUVERGER (M.), « Esquisse d'une théorie de la représentation politique », L'évolution du droit public, études offertes à Achille MESTRE, Sirey, 1956, p. 211 – 220.

DEROSIER J.-P., « Le bicamérisme : un défi et un enjeu démocratique », LPA, mars 2007, n° 45, p. 7.

EDOUA BILONGO (B.), « l'intitulé de la loi camerounaise du 19 janvier 1996 », in OLINGA (A.D.), (dir), *La réforme constitutionnelle du 18 janvier 1996 au Cameroun, 25 ans après*, Afredit, Yaoundé, 2021, p. 17 s.

EDOUA BILONGO (B.), « Le Sénat représente les collectivités territoriales décentralisées », in ATANGANA AMOUGOU (J.-L.), (dir.), La Constitution de la République du Cameroun, Commentaire article par article, Paris, L'Harmattan, 2024, p. 591s.

FAVOREU (L) et ROUX (A.), « La libre administration des collectivités territoriales est-elle une liberté fondamentale ? », Les cahiers du Conseil Constitutionnel, n° 12, 2002.

FERRETTI (R.), « Le bicamérisme de la Ve République », LPA, n° 261, 1999, p. 10.

FOUCHER (V.) et SMITH (E.), « Les aventures ambiguës du pouvoir traditionnel dans l'Afrique contemporaine », Revue Internationale et Stratégique, n° 81, 2011, p.37s

GICQUEL (J.), « Le congrès du Parlement », in La République, Mél. En l'honneur de Pierre Avril, Paris, 2001.

GARRIGUES (J.), « histoire du bicamérisme français et éléments de droit comparé », in « le bicamérisme à la française : un enjeu démocratique », Actes du Colloque organisé le 17 avril 2014 par le Groupe d'Études sur la Vie et les Institutions parlementaires (GEVIPAR).

GATSI (E. A. T.), *« La mise en place du Sénat au Cameroun : légitimité et légalité en questio*n », Solon, vol3, n° 10, juillet 2015.

GONIDEC (P. F.), « *Esquisse d'une typologie des régimes politiques africains »,* Pouvoirs, n° 25, 1983, p. 63s

GICQUEL (J.), « *la mise en place du Conseil Constitutionnel Camerounais* », in Francois Priet, en l'honneur de Henri Jacquot, 2006, presse universitaire d'Orléans.

GRANDEMANGE (J.P.), « Amélioration de la représentation des collectivités territoriales au Sénat et contraintes constitutionnelles, la Semaine Juridique, Administrations et collectivités territoriales, 2014, 10, p.2062 et s, hal-02024543.

GELARD (P.), « Les secondes chambres en Europe, complexité parlementaire ou nécessité démocratique ? », Rapport de la Commission de l'Union européenne sur la Loi, Commission VENICE, Étude n° 355/2005

GUIMDO DONGMO (B.-R), la constitutionnalisation de la décentralisation au Cameroun (l'apport du constituant du 18 janvier 1996 dans la construction d'un droit constitutionnel des Collectivités Territoriales Décentralisées), in MELONE (S.), MINKOA SHE (A.), SINDJOUN (L.), (dir.), La réforme constitutionnelle du 18 janvier 1996 au Cameroun. Aspects juridiques et politiques, Fondation Friedrich-Ebert, Yaoundé, 1996.

GUIMDO (B. R), « les *bases constitutionnelles de la décentralisation au Cameroun* », Revue générale de droit, 1998, vol 29.

GUIMDO DONGMO (B.-R.), (dir*.), La décentralisation territoriale au Cameroun (Jeux, enjeux, nouveaux acteurs et nouveaux défis),* L'Harmattan, 2024, p. 69s

GUIMDO DONGMO (B.-R.), « La région en droit public : quel janus juridique ? », RR-Droit prospectif, vol. 1, n° 187, 2022, p. 495s.

GUIMDO DONGMO (B.-R.), « Constitution et décentralisation au Cameroun depuis la réforme constitutionnelle du 18 janvier 1996 », *Revue Juridique et Politique des États francophones* n° 2, 2005, p. 205s

GUIMDO DONGMO (B.-R.), « Les bases constitutionnelles de la décentralisation au Cameroun (contribution à l'étude de l'émergence d'un droit constitutionnel des Collectivités Territoriales Décentralisées) », i*n RGD*, décembre 1998, n° 1, pp. 79-100.

JAN (P.), « Le Sénat, une assemblée controversée », Cahiers français, n° 332, p. 58.

JAUME (L.), « La représentation : une fiction malmenée », Pouvoirs, n° 120, 2006, p.5s.

JOZEFOWICZ (H.), « La réforme des règlements des assemblées parlementaires : entre impératifs constitutionnels, amélioration du débat et ouverture au pluralisme », Revue Française de Droit constitutionnel, 82, 2010, p. 329s

KOUAM (S.P.), « le statut constitutionnel du Président du Sénat », in OLINGA (A. D.), (dir.), *Le Sénat au Cameroun*, éd. CLE, Yaoundé, 2016, p. 189s.

KAMTO (M.), « Révision constitutionnelle ou écriture d'une nouvelle constitution », *Lex Lata*, n°s 23-24, février-mars 1994.

KAMTO (M.), « Le contentieux électoral au Cameroun », in *Lex Lata,* N° 20, novembre 1995, pp. 3-13.

KANKEU (J.), « la discussion et le vote du projet de loi de finances initiale », in PEKASSA NDAM (G. M.), MACHIKOU NDZESOP (N.), BIAKAN (J.) et NGANGO YOUMBI (E. M.), (dir.), *Droit et Service*

Public, Mél. Etienne Charles LEKENE DONFACK, Paris, L'Harmattan, Vol. 2, 2024, p. 265 et s.

KEUTCHA TCHAPGNA (C.), *« Droit constitutionnel et conflits politiques dans les États Francophones d'Afrique Noire », RFDC, n° 63, 2005, 461 pages.*

KANKEU (J), « *Les missions du Sénat Camerounais : regard sur une illusion* », juridis périodique, 2008, n° 73.

KEUDJEU DE KEUDJE (J.-R.), Réflexions sur une ambiguïté institutionnelle locale camerounaise : la communauté urbaine », in Juridis Périodique, n° 98, 2014, p. 64s.

LAFAILLE (F.), « Le Président du Sénat », http://www.cairn.info.ressources.univ-poitiers.fr/article_p.php?ID_ARTICLE=POUV_159_0041, consulté le 03/12/2016.

LAMOUROUX (S.), « La réforme des collectivités territoriales et le Conseil Constitutionnel : ombres et lumière » in Revue française de droit constitutionnel 2012/1, n° 89, p. 83s.

LAMOUROUX (S.), « les relations entre le Sénat et la décentralisation », Droitconstitutionnel.org

LEKENE DONFACK (E. Ch.), Le renouveau de la question fédérale au Cameroun », Penant, vol 108, n° 826, 1998.

LEKENE DONFACK (E. Ch.), NGANGO YOUMBI (E.M.), et TSOLEFACK AWAFA (E.W.), « Chronique de jurisprudence du Conseil Constitutionnel Camerounais (2018 à 2020) », RFDC, 2022/1, n° 129, p. 207s.

LE YONCOURT (T.), « Le Sénat républicain représentant des collectivités territoriales ? », Pouvoirs, vol. 4, n° 159, 2016.

LE PILLOUER (A.), « *La notion de « régime d'assemblée » et les origines de la classification des régimes politiques »,* Revue française de Droit constitutionnel, 58, 2004

MAUS (D.), « Le *Sénat, l'Assemblée Nationale et le Gouvernement »*, pouvoirs, n° 44, 1988.

MAZERE (J.A.), « les collectivités territoriales et la représentation – Essai de problématique élémentaire », RDP, 1990 ; p.609s.

MENY (Y.), « Les conventions de la constitution », Pouvoirs, n° 50, 1989, p. 50s.

MOMO (B.), « L'inaccessibilité des chefferies traditionnelles camerounaises à la rationalisation juridique », (1996) 22 Lex-Lata, p. 9s.

MOLUH (Y.), « l'introuvable nature du régime camerounais issu de la constitution du 18 janvier 1996 » in MELONE (S.), MINKOA SHE (A.) et SINDJOUN (L.), (dir.), *La réforme constitutionnelle du 18 janvier 1996 au Cameroun. Aspects juridiques et politiques,* Fondation Friedrich Ebert au Cameroun, Yaoundé, 1996, p. 242 et s.

MONEMBOU (C.), « Le pouvoir réglementaire des collectivités locales dans les États d'Afrique noire francophone (le cas du Cameroun, du Gabon et du Sénégal) », Revue CAMES/SJP, n° 002/2015, p. 79s.

MONTIS (A. de) et MONGE (J.P.), « Le Sénat et le renouveau de l'article 41 de la Constitution », RFDC, 112, 2017.

MOREL (B.), Le Sénat et sa légitimité. L'institution interprète d'un rôle constitutionnel, Dalloz, 2018, p. 132

MOUGNOL à MOUGNOL (S), « Le Président de la République à l'épreuve du fait majoritaire », in ABANE

MOUICHE (I.), « chefferies traditionnelles, autochtonie et construction d'une sphère publique locale au Cameroun », L'anthropologue africain, vol 15, n° 1et2, 2008, p. 61s.

MIRKINE-GUETZÉVITCH B., « Le régime parlementaire dans les constitutions européennes », Revue internationale de droit comparé, n° 4, 1950.

MBEYAP KUTNJEM (A.), « la nomination des sénateurs », in OLINGA (A. D.), (dir.), *Le Sénat au Cameroun*, éd. CLE, Yaoundé, 2016, p. 189 et s.

MBOME (F. X.), « Les transitions démocratiques en Afrique », in *Jurudis Périodique,* N° 41, janvier - février - mars 2000, p. 1s.

MABILEAU (A.), Les génies invisibles du local. Faux-semblants et dynamiques de la décentralisation, RF sc.pol., no3-4, 1997, p.34-376.

MERCIER M., « Pour une République territoriale. L'unité dans la diversité, Rapport d'information fait au nom de la mission commune d'information chargée de dresser le bilan de la décentralisation et de proposer les améliorations de nature à faciliter l'exercice des compétences locales », Sénat, n° 447, 28 juin 2000.

MOMO (B), « *Le Parlement camerounais* », Lex lata, n° 23, 1996.

MOUANGUE KOBILA (J.), « Droit de la participation politique des minorités et populations autochtones », RFDC, 2008, n° 75, PUF, p. 629s.

MAUS (D), « *Le Sénat, l'Assemblée Nationale et le Gouvernement* », Pouvoirs, n° 44, 1988.

NACH BACK (Ch.), « chefferie traditionnelle au Cameroun : ambiguïtés juridiques et dérives politiques », Africa Development, vol. XXV, nos 3 et 4, 2000, p. 81.

NDZINA NOAH (J.M.N.), « le fait majoritaire et la constitution camerounaise du 18 janvier 1996 », in OLINGA (A.D.), (dir), *La réforme constitutionnelle du 18 janvier 1996 au Cameroun, 25 ans après*, Afredit, Yaoundé, 2021, p. 231 s.

NGAH (A.M.), « chefferie traditionnelle et décentralisation au Cameroun : réflexion sur le rôle paradoxal d'une institution complexe », in NOUAZI KEMKENG (C. V.) et GUIMDO DONGMO (B.-R.), (dir.), *La décentralisation territoriale au Cameroun (Jeux, enjeux, nouveaux acteurs et nouveaux défis),* L'Harmattan, 2024, p. 117s.

NGUEKEU DONGMO (P.), « Le Cameroun : la démocratie représentative malade du ''parachutage politique'' », in *Annales de la Faculté des Sciences Juridiques et Politiques, Université de Dschang,* P.U.A., Yaoundé, t. 4, *Edition spéciale Droits de l'Homme,* 2000, pp. 97-106.

NGUELE ABADA (M.), « La réforme du règlement intérieur de l'Assemblée Nationale au Cameroun », RASJ, vol. 1, n° 3, 2003.

NGUELE ABADA (M.), « Ruptures et continuités constitutionnelles en République du Cameroun : réflexions à propos de la réforme constitutionnelle du 18 janvier 1996 », R.A.D.I.C., 1998, n° 10, pp. 308-326.

NGUELE ABADA (M.), « État de droit et démocratisation au Cameroun », in *RADHP,* Vol. 5, N° 1 et 2, 1995.

NOUAZI KEMKENG (C.V.), « Le cadre juridique de la décentralisation au Cameroun », in ZELAO (A.) (dir.), *Décentraliser au Cameroun. Dynamiques institutionnelles et logiques des acteurs,* Harmattan Paris, Collection Études africaines, octobre 2018, pp. 129-149.

NORTON (P.), « La nature du contrôle parlementaire », Pouvoirs, n° 134, 2010, p. 5.

NZINA NOAH (J.M.N.), « Le fait majoritaire et la constitution camerounaise du 18 janvier 1996 », in OLINGA (A.D.), (dir*), La réforme constitutionnelle du 18 janvier 1996 au Cameroun, 25 ans après,* Afrédit, Yaoundé, 2021, p. 231s.

ONDOA (M.), « La constitution duale : recherches sur les dispositions constitutionnelles transitoires au Cameroun », RASJ, vol. 1, n° 2, 2000, pp. 20-56. 28

OLINGA (A.D.), « Contentieux électoral et État de droit au Cameroun », in *Jurudis Périodique,* N°41, Janvier - février - Mars 2000

OLINGA (A.D.), « L'impératif démocratique dans l'ordre régional africain », in *Revue de CADHP,* Vol. 8, N°1, 1999.

OLINGA (A.D.), « La protection des minorités et des populations autochtones en droit public camerounais », RADIC, Vol. 10, 1998, p. 272s.

OLINGA (A. D.), *La Constitution de la République du Cameroun*, presse de l'UCAC, éd Terre Africaine, 2006.

OLINGA (A. D.), « La régionalisation camerounaise en chantier : acquis constitutionnels et perspectives législatives », Juridis périodique, 2013, n°35.

OUEDRAOGO (H.M.G.), « décentralisation et pouvoirs traditionnels : le paradoxe des légitimités locales », Monde en développement, 2006/1, n° 133, p. 9s.

PERROT (C. H.), « les autorités traditionnelles et l'État moderne en Afrique subsaharienne au début du XXIe siècle », Cedernos de Estados Africanos, 2009.

PITKIN (H. F.) et HAYAT (S.), « La représentation politique », Raisons politiques, Presses de sciences politiques, 2013/2, n° 50, p.35s.

ROZENBERG (O.), KERROUCHE (É.), « Retour au Parlement », RFSP, 2009, p. 397s.

SAINT-PIERRE (J.), « Représentation et démocratie parlementaire » in Revue d'histoire du Québec, Québec 1608-2008 : quatre cents ans d'histoire politique, éd. Cap-aux-diamants, Numéro 94, 2008.

SIETCHOUA DJUITCHOKO (C.), « Introduction au contentieux des élections législatives camerounaises devant la Cour suprême statuant comme Conseil Constitutionnel », in *Juridis Périodique,* N°50, 2002, pp. 81-93.

STEFANINI (M. F.-R.), « Le pouvoir de veto du Sénat français : entre mythe et réalité ? », Revue Québécoise de droit constitutionnel, 5, 2013.

SIMO (E.), « Constitution et démocratie au Cameroun », in OLINGA (A.D.), (dir), *La réforme constitutionnelle du 18 janvier 1996 au Cameroun, 25 ans après*, Afrédit, Yaoundé, 2021, p. 127 s.

SCHWAB (Ph.), « La fonction élective et le contrôle des nominations du Parlement », Communication à l'Association des Secrétaires généraux de Parlements, Session de Lusaka, mars 2016.

SOHOUENOU (M.), « contribution à l'élaboration d'une échelle de la décentralisation en Afrique noire francophone », in RBSJA, n° 22, 2009

SOHOUENOU (M. E.), « les formes de régionalismes émergents en Afrique », in NEMERY (J.CL.) (dir.), *Quelles organisations pour les grandes régions en France et en Europe,* Paris, L'Harmattan, 2015, p. 311s.

SENOU (J.I), *« La haute trahison liée à la gestion des ressources naturelles et du sous-sol au Niger »,* Revue Juridique de l'environnement, 2016/2, vol 41, p. 286.

SAINT-PIERRE (J.), *« Représentation et démocratie parlementaire* », Revue d'histoire du Québec, numéro 94, 2008, p. 38s

SIETCHOUA DJUITCHOKO (C.), « Aspects de l'évolution des coutumes ancestrales dans le Droit public des chefferies traditionnelles au Cameroun », Revue générale de droit, Volume 32, numéro 2, 2002, pp. 359-381

SCHWAB (Ph.), *« la fonction élective et le contrôle des nominations du Parlement »,* Communication à la session de l'Association des Secrétaires généraux des Parlements, Lusaka, 2016.

SAUVÉ J.-M., « Discours d'ouverture, L'état présent du bicamérisme en Europe, Colloque, Société de législation comparée », Conseil d'État, 16 octobre 2015.

TAMETONG NGUEMO TSIDIE (S.), *« À quoi sert le Sénat ? Réflexion sur les fortunes du bicamérisme au Cameroun et au Gabon à l'ère des nouveaux défis étatiques »,* RDP, 1-2023, p.167s.

TAMNU KAMGAING (D.H.), « l'infra-constitution camerounaise : la loi n° 96/06 du 18 janvier 1996 », R.I.D.C. 4-2021, p. 823s

TURPIN (D.), « Critiques de la représentation », Revue Pouvoirs, 7, 1978, p. 7 et s.

TÜRK (P.), « Le Sénat : une assemblée de bons légistes ? », Pouvoirs, n° 159, 2016, p. 70s.

VAUGHIN (O.), « Les chefs traditionnels face au pouvoir politique », Politiques Africaines, 1988, p. 44s.

VERDIER (M.F.), « La réforme du mode d'élection des sénateurs : point de départ ou d'arrivée ? », in Civitas Europa, n° 8, mars 2002, *La fonction représentative de la seconde chambre dans l'état unitaire. Les exemples français et anglais*, Colloque du G.R.E.P. Nancy, le 9 novembre 2001. P.109s.

VOUFO (P.), « Notule sur l'appréhension constitutionnelle des rapports entre le Sénat et les collectivités territoriales décentralisées au Cameroun » in NOUAZI KEMKENG (C. V.) et GUIMDO DONGMO (B.-R.) (dir.), La décentralisation territoriale au Cameroun (Jeux, enjeux, nouveaux acteurs et nouveaux défis), Préface Joseph OWONA, L'Harmattan, 2024.

ROBBE (F.), « Le Sénat à l'heure des demi-réformes », RFDC, 56-2003.

ROBBE (F.), « Le mode d'élection des sénateurs doit permettre d'assurer la représentation des collectivités territoriales de la République », LPA, 18 octobre 2000, n° 208, p.10 ;

ROBBE (F.), « La représentation des collectivités territoriales par le Sénat. Étude sur l'article 24, alinéa 3 de la constitution française du 4 octobre 1958 », in Annuaire des collectivités locales, La réforme de l'intercommunalité, Tome 20, 2000, p. 625s.

ROBBE (F.), « Le Sénat et la représentation des collectivités locales », in Civitas Europa, n° 8, mars 2002, *La fonction représentative de la seconde chambre dans l'état unitaire. Les exemples français et anglais*, Colloque du G.R.E.P. Nancy, le 9 novembre 2001, P.109s.

ZAMBO ZAMBO (D.J.), BIOCK (J.J.), MVODO MBOGSI (G.) et MAHAMAT (A.), « les relations de coopérations entre les autorités traditionnelles, les pouvoirs étatiques (services de l'administration) et les représentants des communes et leurs implications sur le processus de décentralisation en cours, https://www.ifeas.uni-mainz.de

ZELAO (A.), « Autorités traditionnelles et désir d'hégémonie dans le champ politique au Nord Cameroun », in Studia Politica : Romania politica science Review, 2017, 17(2), p. 355s.

TABLE DES MATIÈRES

Structures éditoriales du groupe L'Harmattan

L'Harmattan Italie
Via degli Artisti, 15
10124 Torino
harmattan.italia@gmail.com

L'Harmattan Hongrie
Kossuth l. u. 14-16.
1053 Budapest
harmattan@harmattan.hu

L'Harmattan Sénégal
10 VDN SICAP AMITIE 3
BP 45034 Dakar-Fann
direction@senharmattan.com

L'Harmattan Cameroun
Tsinga/Derrière polyclinique FECAFOOT
BP 11486 Yaoundé
Jacques.koukam@harmattan.fr

L'Harmattan Burkina Faso
Villa 281, secteur 23 623, rue 14.32
Ouagadougou
zagbie@outlook.fr

L'Harmattan Guinée
Almamya, rue KA 028 OKB Agency
BP 3470 Conakry
harmattanguinee@yahoo.fr

L'Harmattan RDC
185, avenue Nyangwe
Commune de Lingwala – Kinshasa
matangilamusadila@yahoo.fr

L'Harmattan Congo
219, avenue Nelson Mandela
BP 2874 Brazzaville
deunovmikhael@gmail.com

L'Harmattan Mali
Immeuble Mgr Jean Marie Cissé
Aci Hamadallaye
BP 145 Bamako
syllaka@yahoo.fr

L'Harmattan Togo
Djidjole – Maison Amela
face EPP BATOME
02 BP 20680 Lomé
didieramela11@gmail.com

L'Harmattan Côte d'Ivoire
Résidence Karl – Cité des Arts
Abidjan-Cocody
03 BP 1588 Abidjan
harmattan.ivoire@gmail.com

L'Harmattan Bénin
Rue 604, (Immeuble à l'entrée
de la rue UCAO- Cite de Saint-Jean)
Cotonou
stepcorpus@gmail.com

Nos librairies en France

Librairie internationale
16, rue des Écoles
75005 Paris
librairie.internationale@harmattan.fr
01 40 46 79 11
www.librairieharmattan.com

Librairie des savoirs
21, rue des Écoles
75005 Paris
librairie.sh@harmattan.fr
01 46 34 13 71
www.librairieharmattansh.com

www.ingramcontent.com/pod-product-compliance
Lightning Source LLC
LaVergne TN
LVHW010923061026
849535LV00007B/2199